Todos manipulados

(tú y yo incluidos)

Escrito y editado por Omar El Bachiri

ISBN: 978-99920-3-310-4
Depósito legal: AND. 6-2022

Primera edición: agosto 2022
Corrección: Mario Carrasco

Omar El Bachiri nació el 5 de enero de 1977, en Marruecos. En un pequeño pueblo de la provincia de Nador. A la edad de dos años emigró junto con su familia al Principado de Andorra, donde posteriormente adquirió la nacionalidad. Es licenciado en psicología clínica y experto en adicciones, ambas titulaciones por la Universidad Nacional de Educación a Distancia (UNED).

Es autor y escritor de otros 4 libros.

1- Feliz y con ahorros
2- Vivo como quiero
3- Drogas y adicciones
4- No me juzgues, no me conoces

Agradecimientos: quiero agradecer a todos en general, tanto a los amigos, como a los conocidos porque de una forma u otra han contribuido en la escritura del libro. Con unos he mantenido largas conversaciones e intercambios de ideas y con otros, apenas unas frases pero igual de productivas. De la misma forma quiero agradecer a la gente con la que he mantenido contacto en las redes sociales pues también me han inspirado para escribir algunos temas.

Índice

Introducción

En este quinto libro, Omar quiere explicarnos cómo funciona el condicionamiento, la influencia social y en particular la manipulación. Hay que recalcar que esta forma de actuar es bidireccional, la podemos sufrir tanto nosotros mismos como ejercerla sobre los demás. Igualmente, se hace de forma consciente, queremos conseguir un objetivo en concreto y guiamos a la persona o grupo hacia él. Mayoritariamente se basa en el poder, queremos el control sobre los demás.

Ahora, ¿Qué significa esta palabra?

- **Poder:** capacidad de influir en el comportamiento y destino de alguien más. – ¡Dices y haces lo que yo quiero! –

Para ello se recurre a las emociones e inevitablemente a los sentimientos, en ocasiones se utilizará el miedo y en otras, la alegría. Con lo cual, habrá sentimientos de culpa y de satisfacción, ambos son opuestos pero van de la mano. Igualmente, el sentimiento de culpa es devastador y por eso mismo es un arma utilizada por el poder, hacernos sentir culpables por actos que en muchas ocasiones eran inevitables, no se podía hacer de otra forma, no había más salidas.

Luego, en ocasiones surge primero el miedo y más adelante aparece la alegría por haberlo neutralizado y viceversa, primero llega la alegría por haber obtenido un resultado beneficioso y luego, surge el miedo por perderla (ansiedad). Es más, estamos contentos, satisfechos por el logro y decidimos celebrarlo.

Entonces, según la cultura de cada uno lo haremos de una forma o de otra y mira por dónde, este va a ser el primer tema a desarrollar, la influencia de la cultura, cómo nos condiciona en la toma de decisiones.

- **La cultura:** es el conjunto de reglas comunitarias adquiridas para vivir en una sociedad determinada. Incluyen el idioma, los valores morales y las creencias entre otros más.

Es un tema curioso porque nacemos sin ella y dependiendo del lugar del planeta en el que nos toque nacer y posteriormente vivir, interpretaremos la realidad de una forma u otra. Aunque sea la misma para todos, el significado que le damos cada uno es diferente. El planeta es redondo o eso me han enseñado en la escuela y personalmente, me lo creo y su materia prima son el agua y la tierra y gracias a su unión se crea la vida y se mantiene en el tiempo.

Sin agua, ni comida es imposible sobrevivir y también, gracias a estas dos materias tenemos el oxígeno. Es una evidencia que sin el agua y las plantas no hay fotosíntesis y en consecuencia desaparecemos.

- **Fotosíntesis:** proceso químico por el cual las plantas producen oxígeno.

A lo que voy es que según en qué parte del planeta vivamos, debido a sus características geográficas habrá escasez de agua, tierra e incluso de oxígeno. Este último es minoritario pero la falta de agua y comida es bastante frecuente. La escasez de agua seca la tierra y anula su fertilidad, la vuelve improductiva a nivel agrícola. Esta situación es inevitable y además, proviene de la naturaleza pero si el planeta es enorme y hay capacidad para todos, – ¿Por qué alguien ha decidido dividirlo por zonas (fronteras) y además, de forma no equitativa? – En unos sitios hay abundancia de recursos naturales y en otros, escasez.

Somos seres humanos y como tal necesitamos del agua, de la alimentación y del oxígeno para sobre vivir. Por otra parte, lamentablemente muchas veces no hacemos un uso productivo de nuestro cerebro y menos aún de los sentidos. No los usamos a nuestro favor, la vista, el oído, el tacto, el olfato y el gusto, tratamos la información percibida de forma no constructiva. Desgraciadamente, en muchas ocasiones se hace de forma perjudicial para nosotros mismos, los convertimos en nuestros enemigos.

La función de los sentidos es mantener nuestra supervivencia y al mismo tiempo ofrecernos la capacidad del disfrute, como puede ser un buen sabor, un sonido agradable, un tacto suave, contemplar paisajes y poder emitir sonidos (hablar o cantar). Pues bien, debido a la influencia de la industria de la moda, mucha gente sufre de complejos físicos que realmente no existirían si la persona en cuestión no pudiera ver, si fuera ciega. Es decir, teniendo la capacidad de ver, en vez de usarla para valorar sin más, lo hace para compararse socialmente. Le está dando un valor condicionado por la cultura y las creencias sociales en la que interactúa.

¡Haz la prueba! escucha la televisión pero sin prestar atención a las imágenes y te darás cuenta que el mensaje emitido no lo interpretas de la misma manera. ¡Te acabo de definir la radio!

No interpretamos igual la información emitida por la radio que por la televisión. Ahora, hazlo al revés, mira la televisión pero sácale el sonido y el resultado será similar, baja o nula manipulación.
Entonces, – ¿Por qué permitir que el oído y la vista nos condicionen tanto en la toma de decisiones? – ¿Por qué sentir ansiedad, miedo o alegría, según la información expuesta por un tercero? –

De ahí la importancia de usar la mente crítica y analizar bien las palabras usadas para difundir un mensaje porque el mismo mensaje puede interpretarse como esperanzador o catastrófico. Por ejemplo, la ropa está hecha para abrigarnos y así soportar mejor los cambios climáticos, el frío, el calor, la lluvia o la nieve. Esa es su principal función pero según el nivel de influencia padecido, la persona se guía más por la marca o la estética.

Paga por llevar determinada ropa en vez de cobrar por ella, le está haciendo publicidad gratuita a los dueños de la marca y lo más sorprendente es ver cómo cambia su estado anímico, se siente diferente por el simple hecho de vestirla. Lamentablemente, este comportamiento refleja bastante su inmadurez cognitiva ya que valora más la opinión ajena que a la suya propia.

Cree que por vestir tal ropa o conducir determinado vehículo la sociedad la admirará más o menos. Aquí también estamos ante otro caso de manipulación y origen muchas veces de segregación social, si no vestimos tal marca, somos rechazados por un conjunto de la población.

Por otra parte, debido a las fronteras se crean diferencias entre las personas, pues aunque de aspecto físico seamos iguales y compartamos el mismo idioma y valores sociales, tenemos un papel (pasaporte) que nos diferencia y nos facilita o dificulta la vida.

Es decir, que ya no basta con la forma de vestir, sino, que ahora le añadimos también un papel. Este nos condiciona la libre circulación por el planeta y además, potencia el efecto de superioridad. Es increíble como la falta de conocimiento posibilita la creencia de que unos seres humanos sean superiores a otros, sólo por tener un papel donde sale su nacionalidad y lugar de nacimiento porque muchas veces aun teniendo la misma nacionalidad, se discrimina por el lugar de nacimiento.

Así mismo, se discrimina en la misma comunidad, se dan preferencias según la altura, peso, color de piel, de pelo, o por el propio apellido. Quizás el nombre tenga un origen distinto al del lugar de residencia pero partiendo de la base que todos vivimos en el mismo planeta, no tendría que suponer una excepción.

Unos han llegado antes que otros, entonces, – ¿Cuánto tiempo hay que residir en un lugar para dejar de ser considerado emigrante? y simultáneamente, ¿cuántas generaciones son necesarias para considerar a alguien nativo? – Y también cómo se le define – ¿Cómo hijo de emigrantes, nieto de emigrantes, etc.? –

No obstante, esta forma de pensar viene condicionada por asociaciones aprendidas en muchos casos involuntariamente, es lo que se denomina condicionamiento clásico.

- **Condicionamiento clásico:** es el aprendizaje a emitir una respuesta frente a un estímulo que en un principio era neutro, en este ejemplo anterior es un sentimiento de odio, menosprecio o rechazo. Es ver a alguien a quien consideramos diferente (inferior) a nosotros y surgirnos esa sensación de grandeza acompañados de pensamientos despectivos.

Se han asociado dos estímulos diferentes, por una parte el conjunto de características de alguien y por la otra, el menosprecio hacia él. Es ver su mirada, forma de caminar o escuchar su acento y provocarnos su rechazo, le asociamos conceptos tales como vagos, delincuentes, parásitos, etc.

Ahora, desde la manipulación se añade también el condicionamiento operante, este viene a reforzar la conducta aprendida y en consecuencia, queda fijada durante más tiempo y además, se adquiere de forma más rápida.

Por ejemplo, si alguien racista que comete actos de segregación o de menosprecios sociales no es castigado por su comportamiento o pero aún, es premiado, se le está enseñando que su comportamiento es aceptado por el grupo y como tal, lo repetirá sin cesar. Esta persona está viendo que su comportamiento le beneficia de algún modo. Pero no sólo en este ejemplo, ahora piensa en la maldad generalizada, si actuar fuera de la ley no fuera penalizado – ¿No crees que mucha gente lo haría? – Por ejemplo, mintiendo o no diciendo toda la verdad, omitiendo algunas partes, – ¿No crees que se podría actuar así? –

Digamos que te gusta mentir, ya sea porque temes afrontar la realidad o porque te beneficia de algún modo, pues si te premian por hacerlo o no te castigan por ello, están reforzando tu conducta, con lo cual no dejarás de repetirla y seguramente mentirás más a menudo y en cualquier ámbito social. Ahora imagínate que tienes el poder, que estás en un cargo de influencia mayor. Tus mentiras serán vistas como verdades indiscutibles y estarás manipulando a tu antojo. Es más, sólo con no decir toda la verdad, estarás cambiando por completo la conducta de los demás, ¡los guiarás por donde quieras!

Es lo que viene siendo la mentira piadosa, te digo la verdad pero omito una parte, generalmente la más importante, claro está. Es justo como se actúa en la manipulación mediática, nos muestran la realidad pero desde su punto de vista.

Por ejemplo, muestran imágenes de una guerra y simultáneamente nos dicen quién es el culpable y por qué. Nos están eliminando la opción de razonar y poder emitir nuestro juicio personal, nos están guiando hacia una respuesta en concreto. Es un condicionamiento en toda regla y además, recurren a la estadística para reforzar su posición. Están haciendo un uso a su favor, no de forma generalizada.

Guían nuestra atención hacia uno de los extremos de la información, de ahí la importancia de saber interpretar los datos para no hacer una lectura errónea o por los menos, no hacer una que genere más ansiedad que tranquilidad. Los datos son los que son, están ahí para ser interpretados como malos, buenos, beneficiosos o perjudiciales. Según la lectura que hagamos de ellos, así nos comportaremos y ahí radica la manipulación.

Dependiendo de la emoción buscada, si de miedo o de tranquilidad y para ello se hace uso de la presión de grupo. No es lo mismo actuar por decisión propia, sopesando los beneficios y los perjuicios que influenciado o motivado por la mayoría social. En este segundo comportamiento no hay razonamiento lógico, se actúa de cualquier forma, menos lógicamente.

- **Presión de grupo:** ceder a las ideas o conductas de la mayoría, aunque vayan en contra de nuestros principios. Se actúa así para evitar las represalias o porque ya estamos hartos de escuchar siempre lo mismo y queremos paz.

Esta presión es la encargada de interpretar las mentiras como verdades. Cuando una mentira se repite una y otra vez sin cesar, la verdad empieza a ser cuestionada ya que nuestra mente interpreta que si tanta gente dice lo mismo y más si es gente influyente, por algo será y en consecuencia se acaba por dar credibilidad a la mentira.

También, decir que la elección de seguir a la mayoría por el hecho de no escuchar sus reproches y así conseguir la paz mental tiene su punto en contra. Se paga un precio bastante alto a nivel cognitivo cuando somos conscientes del error pero aun así no rectificamos. Esta incoherencia nos lleva a buscar excusas para reafirmar el comportamiento y así poder reducir el malestar. Te estoy hablando de la disonancia cognitiva.

- **Disonancia cognitiva:** Comportarse de forma opuesta a nuestros gustos, ideas o preferencias. La conducta que estamos emitiendo no es de nuestro agrado pero nos alivia el malestar generado ante una situación en concreto.

De ahí la importancia de entender que somos los que hacemos, no lo que decimos. Teniéndolo en cuenta, la disonancia desaparece automáticamente ya que aceptamos nuestro comportamiento, nos autodefinimos con él. Esta es la clave para no perturbarnos mentalmente, aceptarnos tal cual somos. No estoy diciendo que no intentemos cambiar, sino, que aceptemos nuestros defectos igual que hacemos con nuestras virtudes.

- Somos lo que hacemos, no lo que decimos: las palabras si no van seguidas de la conducta correspondiente pierden su credibilidad y el emisor es visto por la parte receptora como mentiroso. Digamos que tu pareja sentimental te repite una y otra vez que te ama pero simultáneamente, te maltrata. Su conducta está reflejando odio hacia ti o cualquier otro sentimiento negativo, menos amor. Su comportamiento nos está diciendo que es una persona maltratadora y esto es así para cualquier conducta.

Por ejemplo, un viajero es alguien que viaja, no alguien que lo afirma; Un deportista es alguien que practica deporte, no alguien que dice que lo hace; Un millonario es alguien que tiene mucho dinero, no alguien que dice tenerlo, etc.

Las palabras seducen y motivan pero los hechos muestran la realidad y desenamoran, ahora, ya es cosa de cada uno aceptarlas sin más o por el contrario, ser objetivos y fijarnos en los hechos. Si no quieres decepcionarte con la sociedad o con alguien en particular, fíjate más en su conducta que en sus palabras.

Es decir, ver la coherencia entre lo que dice y lo que hace, es la única forma de demostrar lo que se habla. Es curioso como hay gente que predica una religión o se manifiesta a favor de la paz y luego, hace justo lo contrario, roba y/o mata.

Un ejemplo de esta incoherencia la encontramos en las redes sociales, lugar donde se promete y se dicen muchas cosas y luego no se cumple ninguna o se hace exactamente lo contrario. Ahora, este tipo de comportamiento es común en las personas sin compromiso consigo mismas. Son incapaces de cumplir con sus objetivos personales y de igual modo hacen con el resto de la sociedad.

Son incapaces de vivir el presente sin estar angustiadas y su forma de sobrellevarlo es inventándose un futuro falso, está basado en la fantasía y sobre todo, lo adaptan a nuestros oídos, a lo que queremos oír. Son tan incrédulas que no son conscientes que su presente es el futuro de ayer, el que se inventaron y entran en un bucle sin salida.

Por consiguiente, si eres de este tipo de personas y quieres cambiar tu forma de ser, deja de hablar tanto y actúa más. Asume la responsabilidad de tus palabras y transformarlas en actos. Luego, para rebajar tu nivel de ansiedad, pregúntate porque es tan importante para ti prometer a los demás lo que quieren oír e inventarte una realidad paralela. – ¿Por qué no puedes vivir según tus opiniones personales, medios económicos y sociales? –

Te lo explico de otra manera para dejarlo más claro y para ello vuelvo a recurrir a la disonancia cognitiva. Esta se encuentra justo entre nuestras creencias y las conductas realizadas. Genera un conflicto entre los pensamientos y los hechos realizados. Somos conscientes que la conducta ejecutada nos perjudica, pero aun así la realizamos y para no sentirnos culpables buscamos excusas que la justifiquen, nos autoengañamos. Buscamos refutar la información contraria a nuestras ideas pero aún así, la explicación dada no es convincente, las excusas encontradas no apoyan la decisión tomada pero igualmente nos aferramos a ellas para justificarla.

Algunos ejemplos son fumar, embriagarse, saltarse la dieta o también a la hora de comprar cualquier producto. En este último caso se traduce en el remordimiento, sabemos que no lo teníamos que haber comprado, pero la excitación del momento nos ha empujado a hacerlo y entonces buscamos excusas para justificarlas.

Digamos que te gusta comprar siempre lo más barato, tienes un criterio sencillo: que sea saludable, que esté bien y que sea práctico. Pues bien, entendiendo tu conducta te sentirás orgulloso por no comprar objetos o alimentos basándote en su marca u origen pero entiendes que puedes comprar impulsivamente en algún momento puntual, aceptas tu forma de ser.

Ahora, pongamos que estás a dieta y llega un punto que no puedes más y te la saltas, indudablemente, te sientes fatal por ello. Sin embargo, si entiendes y aceptas tu comportamiento dejará de afectarte. Quizás tu objetivo no sea realista, está demasiado alejado en el tiempo, no tienes las herramientas mentales necesarias para conseguirlo, etc.

Sucede exactamente igual con la persona fumadora, sabe que hacerlo es perjudicial para su salud pero aun así, busca excusas para justificar su conducta, en vez de aceptarla. Es una persona fumadora y como tal fuma, así de simple. Si quiere dejar ese hábito, tiene que empezar cambiando su autoconcepto y buscar uno más acorde a su idea. Por ejemplo, ser deportista, comer saludablemente, etc. cualquier concepto relacionado con la salud física y mental será válido.

Es la mejor manera para hacer entender al cerebro que estamos cambiando de hábitos y costumbres y simultáneamente, lo aceptará mejor porque estará viendo la coherencia entre el comportamiento y las ideas, tener un organismo sano. Ahora, para comportarnos de este modo, primero hay que fijarse en nuestro autoconcepto.

- Autoconcepto: es la visión que tenemos de nosotros mismos, de cómo nos definimos y nos presentamos a los demás, es de suma importancia no confundirlo con el concepto. Este segundo, viene a explicar cómo nos ven los demás y no podemos permitir que su visión influya negativamente en la nuestra.

Estarás de acuerdo conmigo en la importancia de tener un buen autoconcepto, pues está directamente relacionado con la autoestima y esta influye bastante en la interpretación de la realidad. Es más, siéndole fiel no le damos tanta importancia a los rechazos sociales, porque somos conscientes que estamos actuando con naturalidad y que es imposible gustar o caer bien a todo el mundo.

Contesta a esta pregunta: – ¿Consideras que eres buena persona, o tienes dudas porque hay quien afirma justo lo contrario?

– La respuesta es sencilla, si pagas tus impuestos y no actúas fuera de la ley, eres una persona estupenda, ¡Un ejemplo a seguir!

La simplicidad de esta respuesta radica en que mientras no hagamos nada ilegal, ninguna ley gubernamental dirá que somos malas personas y en consecuencia, no seremos non gratas en su estado. Es necesario recalcar que para no dejarse influenciar por los prejuicios y creencias de los demás, es indispensable guiarse por la interpretación objetiva, la que utiliza la justicia para decidir si imponernos una sanción económica y/o privarnos de libertad.

Sin embargo, si usamos la parte subjetiva puede suceder de todo ya que depende del lugar donde residimos y sobre todo, de nuestro entorno social más próximo (familiares y amigos). Igualmente, es la opinión de la justicia y la de nuestros superiores jerárquicos (trabajo) la que tendría que preocuparnos o alterar nuestro estado anímico, porque es la que puede condicionar nuestro estilo de vida.

La opinión subjetiva puede cambiar en cualquier momento porque depende en gran parte de los intereses de nuestro entorno. Muchas veces simplemente haciendo favores y no respondiendo nunca de forma negativa (nunca decimos que no), la gente ya nos percibe como buenas personas, aunque hayamos robado o agredido a alguien.

Unos claros ejemplos son las religiones y las sectas, donde si pagamos cierta cantidad de dinero a la organización quedamos libres de culpa, más adelante desarrollo en profundidad esta forma de manipulación. Dicho de manera resumida: – No tienes que hacerte mala sangre por la opinión ajena, no tiene sentido entrar en un estado de ansiedad o de depresión por la interpretación que tenga la sociedad de tus conductas o palabras –

Tú sólo eres responsable de lo que dices y haces, no de lo que nosotros interpretamos. No sabes si tenemos problemas de oído, de vista o no entendemos tu idioma correctamente. Como estarás viendo, dependiendo de los parámetros escogidos para juzgarte, te considerarás mejor o peor persona y consecuentemente, serás más susceptible a caer en depresión, ansiedad o en cualquier otro malestar psicológico.

Entonces, la próxima vez que alguien te diga que no eres una buena persona, pregúntale qué parámetros ha escogido para llegar a esa conclusión. No todos usamos los mismos y los tuyos no tienen por qué coincidir con los nuestros.

Ahora, retomando la manipulación y para que se entienda mejor la importancia del autoconcepto y la presión de grupo, voy a exponer los dos lugares donde más se manipula a la gente, en el trabajo y en la escuela. Todos hemos oído hablar tanto del moobing como del bullying, el acoso laboral y el acoso escolar. Situaciones donde se intenta que la persona se sienta como una mierda, un cero a la izquierda. Vamos, ¡sin ningún valor!

Moobing y bullying: en el primero, la intención es frustrar al empleado para que se sienta un inútil y acabe dimitiendo de su puesto de trabajo, abandonando la empresa o que deje de rendir tanto. Por su parte, en el segundo la intención es aniquilar mentalmente al estudiante para satisfacer las necesidades de poder del agresor, se trata de alimentar su ego, sin más.

A pesar de que el objetivo a conseguir es diferente, el perfil de la persona agresora es el mismo, alguien cobarde, perezoso y manipulador. En el laboral, cuando el acosador es el superior se debe a la rivalidad, al miedo a perder su cargo y cuando es por parte de los compañeros es por envidia, aunque ambos están haciendo un uso instrumental de la conducta.

Sin embargo, en el escolar se busca maltratar al estudiante, se quiere su anulación como ser humano, en este segundo caso se está haciendo un uso funcional de la conducta. La parte agresora está frustrada y escoge alguien inferior físicamente a ella para desahogarse.

La diferencia entre los dos modos de actuar es el resultado final, el instrumental es una herramienta para conseguir el objetivo y los trastornos mentales provocados son daños colaterales. Por su parte, el funcional es usar su función como tal, asediar para provocar lesiones físicas y/o mentales. Es una conducta voluntaria y dirigida expresamente para aniquilar.

Entendido esto, – ¿Cómo podemos enfrentarnos a los acosadores? –

Pues tiene que ser de forma asertiva, es la única manera de hacerlo sin sufrir consecuencias legales, tanto en el trabajo, como en la escuela. No olvidemos que el acosador es manipulador y esto significa que tiene influencias en la dirección, sino, no actuaria de esta manera, es demasiado perezoso y cobarde. No tenemos más remedio que interactuar verbalmente y se hace a base de preguntas y afirmaciones.

Las primeras serían de este estilo: – ¿Qué buscas con este comportamiento? – ¿Tienes algo en contra mío? – ¿Te debo dinero o algo? – Son preguntas descolocantes y aunque sus respuestas siempre serán negativas, percibirá que no nos dejamos avasallar y que no tiene el poder sobre nosotros. Por su parte, las afirmaciones son frases contundentes: ¡Si no cambias la forma de hablarme o tratarme voy a informar a la dirección, a la policía o a cualquier organismo de poder!

No son amenazas, es determinación, estamos afirmando nuestro comportamiento y lo hacemos de forma contundente. Esto es así porque son conductas subjetivas y consecuentemente, difíciles de demostrar. Ahora, la situación cambia radicalmente cuando hay agresión física, aquí hay que ir a la policía a poner una denuncia, es una conducta objetiva y deja marcas físicas como pruebas del delito.

Hay que denunciar porque si no se hace es imposible pararlo, una vez se ha traspasado la barrera física significa que mentalmente nos han desestabilizado y desgraciadamente, este estado emocional es un precipitante del abuso de los medicamentos psicotrópicos y otras drogas, como el tabaco, el alcohol y las ilegales.

Cualquier sustancia tranquilizadora es apta para apaciguar la ansiedad sufrida durante ese estado y en ocasiones se vuelve crónico, la víctima está destrozada mentalmente, no encuentra salida a la situación y en ciertas ocasiones puede llegar a cometer alguna locura como el suicidio. El acto de sacarse la vida de forma voluntaria.

El suicidio, desprenderse de la vida: ¡Para vivir así, mejor no hacerlo! Así piensa la persona que decide dejar de vivir, acude al suicidio como única salida a sus males. Desde la psicología no hay explicación racional que pueda explicar este comportamiento, ya que va contra natura. El ser humano está creado para sobrevivir y tenemos mecanismos físicos y mentales para lograrlo, a pesar de que a veces los mentales pierden su función debido a las experiencias vividas.

La mente queda trastornada y se comporta de manera diferente a cómo tendría que hacerlo en un principio. Pero por suerte, tenemos la resiliencia, la capacidad de rehacernos después de vivir una situación traumática. Una vez acabada, volvemos a ser los mismos de antes, no permitimos que nos condicione y en parte esto nos diferencia del resto de animales porque es exclusiva del ser humano.

Este concepto lo menciono en todos mis libros porque considero que es la clave para llevar un estilo de vida alejado de cualquier trastorno. Se refiere a que si éramos personas alegres u optimistas volvemos a serlo, no permitimos que las circunstancias incontrolables nos condicionen la actitud, nuestra forma de ser.

Siendo resilientes nos volvemos proactivos y esto comporta indudablemente tomar las riendas de nuestra vida, decidimos qué y cómo nos afectan los sentimientos. Cierto que las emociones son innatas y al mismo tiempo inevitables pero en cambio, los sentimientos pueden modificarse, se les puede condicionar las emociones percibidas. Esta introducción es necesaria hacerla para comprender por qué hay gente que soporta vivir en la miseria y pasar penurias y por el contrario, hay quien no es capaz de rehacerse jamás de la pérdida de un trabajo, de una separación sentimental, de las burlas escolares, o de la muerto de un ser querido, entre otras situaciones desagradables.

Cómo he dicho al principio, no hay explicación lógica que pueda explicar el hecho de quitarse la vida, pero seguro que la persona que lo hace está viviendo en la desesperación y no encuentra otra salida, no se trata ni de cobardía, ni de valentía. Por eso mismo es tan importante el valor que le damos a la emoción sentida pero sobre todo, el por qué la estamos asociando al sentimiento en concreto.

– ¿Por qué estamos sintiendo rabia, miedo, tristeza en frente de una situación que puede transformarse en un otra muy diferente? – Las situaciones no son estáticas, ni eternas, tarde o temprano cambian.

La política lo demuestra a diario con sus decisiones, cada vez que toma una modifica la realidad, quizás no la presente pero si la futura. Pues con las personales funciona exactamente igual, por eso mismo no es muy saludable interpretar las situaciones de forma inamovible.

Entendiéndolo así, vivimos de forma más tranquila porque disfrutamos de cada instante y es justo en la adolescencia donde se tiene que matizar este punto. Es la franja de edad donde más gente decide poner fin a su vida, concretamente entre los 15 y 29 años. Precisamente cuando empieza la etapa de tomar responsabilidades, decisiones y darle un sentido a la vida, qué estudiar o qué oficio aprender y también aparece el amor, con el posterior desamor, etc.

Igualmente, hay que tener en cuenta la historia evolutiva de la persona y de su estado anímico. Si es depresivo, ansioso, tiene adicciones o si lleva encima una carga emocional demasiado grande y no la soporta, le sobrepasa porque tiene que cuidar de los hermanos, de los padres y/o en ocasiones, también se añade la presión escolar.

Hay que tener en cuenta que todos estos factores son generadores de ideas suicidas, pero por suerte la mayoría de las veces no pasan de ahí. En cuanto al hecho de pasar a la acción y poner fin a sus días, aunque en ocasiones parezca que ha sido de forma repentina la persona ya lo tenía claro desde hace tiempo.

Es necesario recalcar que hay dos formas de hacerlo: una es con premeditación, se estudia el lugar, el momento y la manera de hacerlo y la otra es impulsivamente, no importa ni el cómo, ni el cuándo, es sentir el impulso y dejarse llevar. Ambas formas buscan el mismo resultado, dejar de sufrir, sin tener en cuenta el malestar causado a sus seres queridos.

Cómo he dicho anteriormente, no es un acto ni de cobardía, ni de valentía, sino, más bien de desesperación, la persona no ha sido capaz de encontrar otra alternativa para alcanzar la tranquilidad. Un estado buscado durante mucho tiempo y que no ha sabido transmitir a su alrededor para ser ayudada.

Esta última palabra tiene que quedar clara por parte de los seres queridos, no podemos sentirnos culpables por su decisión, nosotros estábamos allí para ayudarla y darle apoyo emocional. Una persona se mueve en varios ambientes y no en todos muestra su malestar, entonces, es imposible imaginarse que alguien de nuestro entorno esté pensando en realizar semejante locura.

Aunque sea normal e incluso saludable sentir rabia, tristeza e impotencia frente a una noticia de tanta envergadura, no podemos adjudicarnos la culpa porque si nos hubiera pedido ayuda, se la hubiéramos dado sin dudar un segundo. A su vez, también hay quien se suicida buscando dañarnos emocionalmente, nos quiere manipular para que nos sintamos culpables por su decisión tan extrema.

Esta persona no tiene en cuenta que cada cual debe hacerse responsable de sus decisiones, sin importar el resultado obtenido. Con esto quiero decir que nadie puede hacer feliz, ni infeliz a otra persona, en todo caso, se puede influenciar, pero no determinar.

Estoy volviendo a hablar de la resiliencia y la proactividad, con la primera tenemos herramientas mentales para soportar la ausencia del ser amado y todavía mejor, aceptar su conducta. Por parte de la proactividad, entendemos cómo funcionan las emociones y los sentimientos, dando como resultado un estado mental alejado de los trastornos mentales porque decidimos cómo sentirnos en cada momento.

Una persona proactiva, sólo levantarse por la mañana decide en qué estado mental volverá a la cama, no estoy diciendo que sea inmune a las circunstancias, sino, que sabe qué valor asignar a cada emoción porque es consciente que la falta de sueño reparador altera el estado anímico.

De la misma forma, no se deja llevar por el efecto túnel: – Es cuando nos centramos sólo en la situación problemática, dejando a un lado las positivas o los diferentes ambientes en los que interactuamos – Es decir, se toma una decisión basada en las emociones negativas en vez de hacerlo en las positivas, se le está dando más valor a las primeras.

De manera semejante sucede con la publicidad en el momento de condicionarnos para comprar cualquier producto, nos guía hacia las emociones positivas. Provoca que nos fijemos en los aspectos positivos del producto, dejando de lado cualquier sensación negativa. Hay que entender que la publicidad es una herramienta creada para decantar la báscula hacia un lado u otro en los momentos de indecisión. Su modo de actuar es hablarnos y tratarnos como si fuéramos niños pequeños, con poca o nula capacidad de razonamiento.

Aunque su función principal es hacer destacar un producto sobre los demás, también es usada para crear una necesidad inexistente. Es hacer que tengamos hambre, sed o ganas imperiosas de adquirir un producto en concreto, con solo verlo u olerlo. De ahí la importancia de una buena campaña publicitaria porque un producto no se vende por su calidad, sino, por la publicidad recibida. Por la astucia del creador, de su capacidad para influenciar al espectador en la toma de decisiones.

De hecho, la posición de los artículos en las estanterías influirá en el éxito de su venta. Aunque parezca absurdo, es un aspecto que no se deja al azar, cualquier producto tiene su motivo para estar en un lugar y altura determinado. Los de primera necesidad están colocados al final del local, de esta forma estamos obligados a recorrerlo todo y mientras llegamos vamos viendo otros que por su forma o color, nos llaman la atención y en muchas ocasiones también los compramos.

Luego, el factor de la altura en las estanterías es el que nos indica para qué tipo de público está indicado. El producto se coloca a la altura de los ojos del tipo de cliente al cual se le quiere vender. Si es adulto, adolescente o un niño y también del género sexual, si es femenino o masculino.

Para dejarlo más claro: – ¡Nos venden objetos innecesarios pero que consideramos indispensables y para ello recurren a veces al neuromarketing! –

- El neuromarketing: se podría definir como la utilización de las herramientas neurocognitivas con fines publicitarios. Está diseñado para informar de los estímulos cerebrales frente a un objeto o situación. Cómo nos afecta el olor, sonido, forma, color, posición en la estantería, etc. Está creado para influenciar nuestros gustos, lo hace sigilosamente a través de nuestro subconsciente. Condiciona nuestros sentidos y los más utilizados son el olfato, el oído y la vista, sin mencionar cuando se filtra en lo más profundo de nuestro ser, en el miedo y la seguridad personal.

– ¿Te suenan estas frases? – "Vivir de alquiler es tirar el dinero, hipotécate y paga como si fuera un alquiler" – "Los alquileres están por las nubes, hipotécate y dejarás de preocuparte" –

Te están diciendo sutilmente que si no te hipotecas en una vivienda tu futuro peligra. Como verás, dirige el rumbo de nuestra vida.

– ¿Todavía crees que tienes libre albedrio? – Es decir, que eliges lo que te apetece, eliges dónde comer, qué perfume usar, qué vehículo comprarte, etc. Es una herramienta creada explícitamente con este fin, decidir por nosotros. Su objetivo final es crear emociones y es debido a que la memoria retiene mejor y durante más tiempo cuando hay una relación emocional de por medio, ya sea con objetos, olores, ruidos, sabores, etc.

La publicidad en los medios de comunicación ha conseguido que asociemos el color verde con la naturaleza y la ecología como algo sano. Es ver un producto con una etiqueta verde y nos viene a la mente una sensación de tranquilidad.

El hecho es que si hemos desencadenado una emoción frente a él, la próxima vez que lo volvamos a tener delante, nos vendrá a la memoria esa sensación. *¡Hemos sido condicionados!*

Un ejemplo podría ser cuando en la infancia íbamos con nuestros padres al mercado del barrio a hacer la compra. Recordamos el olor de las frutas y verduras frescas, del pescado, la carne y el murmullo de las personas yendo de un puesto a otro. Recordamos las emociones, los momentos agradables, la sensación de bienestar.

En definitiva, esta es la labor del vendedor, tratar de ofrecer sensaciones agradables. No se vende el producto, sino, la sensación y emoción que está buscando el cliente. Cuando compramos carne o pescado lo que nos viene a la mente es el sabor del alimento, la sensación de placer, sentimos como la boca se nos hace agua. El vendedor tiene que conocer las necesidades del cliente, de esta forma conseguirá que se visualice y se ponga en situación.

Con la visualización surgen un conjunto de sensaciones placenteras que producen bienestar y en consecuencia, surge la necesidad de adquirir el producto. Así mismo, acudimos a los centros comerciales o tiendas básicamente por tres motivos:

1) - Para comprar
2) - Para ver qué comprar próximamente
3) - Por distracción, para pasar las horas.

Los responsables de estos locales son conscientes de los motivos de visita y gracias al neuromarketing consiguen que raramente nos vayamos con las manos vacías o por lo menos, nos crean la necesidad de volver más seguido al mismo establecimiento

En ningún momento nos preguntamos el motivo de las compras: – ¿Lo hacemos por necesidad o por creencias? – y – ¿Por qué volvemos al mismo lugar?: – ¿Por sus precios o por la sensación de bienestar percibida en él? – la música, el trato del personal, la decoración, el olor, etc.

Indiscutiblemente, la música es uno de los factores más condicionantes, igual que dentro del centro comercial nos empuja al consumo compulsivo, en los anuncios provoca que retengamos mejor las imágenes percibidas. Es oír la música o sonido del anuncio y venirnos a la mente el producto en concreto, se queda en la mente dando vueltas y automáticamente aumenta la probabilidad de adquirirlo. Es tan poderoso como el mismo olor, aunque este es el rey del impulso.

El sentido del olfato es el único que no atraviesa ningún tipo de filtro para llegar a la corteza cerebral, por eso mismo es oler algo apetitoso y despertarse el hambre. *¡Es inevitable!*

Ahora, imagínate si una marca de perfumes consigue asociar el olor con el sentimiento de felicidad o con las ganas de tomar cualquier bebida, *¡Sería un éxito de ventas!*

- **Música, emociones y recuerdos:** si quieres no olvidar a alguien o recordar una situación o lugar en concreto, asócialo con música. Esta asociación será de por vida, cada vez que oigas dicha música o canción te vendrá a la mente ese recuerdo. Revivirás el estado emocional en el que te encontrabas, de lo que hacías y qué emociones estabas sintiendo. Mejor aún, sentirás melancolía o alegría según el significado que le asocies.

Es lo bueno de las sensaciones, que pueden ser condicionadas y manipuladas según nuestros objetivos. Son inevitables pero su significado es modificable y podemos asociarlas a cualquier emoción, al miedo o la alegría. Esta capacidad de moldeamiento la conocen bien en la industria del cine y del comercio. Recuerda la banda sonora de alguna película de terror y seguramente se te pondrán los pelos de punta.

A si mismo, la próxima vez que vayas a un supermercado fíjate en la música que ponen y verás que es diferente en cada sección y también según la hora del día. Cuando se aproxima la del cierre, la música te causará estrés, para que te apresures a comprar e irte pero sin embargo, cuando es a media mañana o media tarde es más suave, para que te quedes más tiempo y acabes comprando más.

Para que me entiendas mejor, si hoy practicas deporte y mañana sientes molestias corporales, pensarás que son debidas al ejercicio realizado y además, estarás orgulloso pero si no practicas deporte y sientes molestias, te preocuparás y estarás angustiado pero la sensación es la misma, dolor muscular. Sólo cambia el significado que le das, la emoción.

Porque puedes llorar de alegría o de tristeza como también, puedes fingir estar alegre y en realidad estar deprimido. La emoción es el significado que le das a la sensación, pues con la música sucede exactamente lo mismo.

Si eres capaz de relacionarla con los sucesos que quieres recordar, los tendrás de por vida. Jamás los olvidarás, en cuanto oigas dicha canción no importa ni el lugar, ni el momento, te vendrán de nuevo a la mente. La música tiene la capacidad de cambiar nuestro estado de ánimo, altera el ritmo cardíaco.

Puede activar cada una de nuestras estructuras emocionales, especialmente el núcleo accumbens y este altera al resto. Cuando escuchamos música se produce un incremento del neurotransmisor dopamina, modificando la producción de serotonina y este a su vez influye sobre la segregación de las endorfinas.

Este conjunto de moléculas se denominan las tres sustancias de la felicidad, es como cuando nos enamoramos. Vamos drogados de estos neurotransmisores, tenemos más cantidad de lo habitual y por ende nos sentimos eufóricos y nos vemos capaces de afrontar cualquier reto. Ahora entenderás porqué las drogas manipulan nuestro cerebro.

La dopamina es la causante de las adicciones porque es el neurotransmisor responsable de que repitamos las conductas placenteras, por eso mismo escuchamos una y otra vez la misma canción. Por otra parte, como he mencionado más arriba, la publicidad recurre a estas asociaciones porque cualquier recuerdo que despierte un sentimiento es más fácil de recordar.

De ahí que en los anuncios de coches se les asocie el sentimiento de libertad y el placer de conducir. Acorde con esto último, hay muchas marcas y modelos en el mercado pero todos tienen la misma función, trasladarnos de un lugar a otro.

Entonces, para destacar sobre la competencia se añaden características como el confort, la comodidad, la elegancia, la rapidez, e incluso en ocasiones se acude a la distinción social.

Interpretar que si adquirimos dicho vehículo, seremos de una clase u otra. La sensación percibida es de seguridad en uno mismo, es verse elegante y creer que los demás también nos verán del mismo modo. Estos pequeños detalles pero a la vez tan importantes, harán que elijamos uno u otro.

Lo mismo sucede con el agua embotellada, se vende como algo milagroso, nuestro cuerpo se regenerará antes y mejor con ciertas marcas. Cuando vemos la imagen del actor o modelo, en nuestra mente se despiertan emociones de placer o bienestar, con lo cual, cuando estamos en el supermercado y vemos esa marca lo más probable es que nos decantemos por ella.

Otro ejemplo son las pizzas, todas tienen la misma base pero su textura y sabor son diferentes. Esto es lo que se vende, no la pizza como alimento. Se vende como algo para disfrutar en familia, con amigos, en pareja o como una comida rápida y sabrosa, nos despierta la empatía y las ganas de compartir.

Por eso mismo es tan importante tener una mente crítica, para tomar decisiones de forma racional y no movidas por las emociones y sentimientos del momento. Con ella nos cuestionamos y planteamos todo antes de decidir qué hacer y sobre todo, nos cuestionamos el motivo del por qué nos facilitan la información.

– ¿Lo harán desinteresadamente, por simple altruismo? – o por el contrario, – ¿Están buscando una respuesta calculada y predeterminada de antemano? – A partir de aquí, nosotros decidimos qué responder, cómo y cuándo. Igualmente, hay que añadir la forma de responder y el rol adquirido para hacerlo: – ¿Adquiriremos una conducta intimidatoria, de seguridad en uno mismo, de miedo, de indiferencia, etc.? – Según nos interese manipular al otro, le responderemos de una forma u otra y así conseguiremos una futura interacción o por el contrario, la zanjamos en el momento.

Así mismo, es un hecho que no podemos usar siempre el mismo rol para interactuar socialmente, no podemos comportarnos de igual modo con todo el mundo, aunque eso sí, no cambiamos nuestra forma de ser, sólo cambiamos la forma de transmitir el mensaje.

Todos somos conscientes que según el tono de voz, la manera de decir las cosas y la conducta no verbal (gestos, posturas y miradas), provocan una interpretación diferente de las palabras. Nuestra expresión oral refleja nuestro estado emocional, no es lo mismo hablar gritando que calmado. Como tampoco lo es hablar pausadamente, que rápido y de igual forma, tampoco es lo mismo hablar con seguridad que dudando en cada palabra.

– ¿Qué queremos transmitir y qué buscamos con la información transmitida? – Es justo lo que he escrito anteriormente, – ¿Estamos buscando una respuesta calculada o estamos dando información desinteresadamente? –

Por otro lado, ya que estoy hablando de la intencionalidad de las palabras, retomo el tema de la religión y las sectas. Ambas son expertas en la manipulación verbal, saben qué palabras usar para infundar el miedo y la desesperación, dando como resultado el sentimiento de culpa, la persona siente que no es buena ciudadana. Sin embargo, si se guiara por lo que he escrito más arriba, por las leyes gubernamentales se percataría que no ha hecho nada ilegal y por lo tanto, es buena persona y además, es una ciutadana ejemplar. Eso sí, otra cosa en común que tienen estas organizaciones es utilitzar el dinero como forma de exculparse.

Es chocante la gente que piensa que por el hecho de pagar, (donar, según estas organizaciones) sus conductas o comportamientos quedan impunes. Aunque también hay que decir que en la mayoría de las veces la persona paga para aliviar su estado de remordimiento. Las creencias de cada uno son un pilar muy importante para mantenerse alejados de los trastornos mentales. Es algo que no me canso de repetir, si actuamos siendo coherentes con lo que pensamos, rara vez tendremos malestar mental.

- Sectas y gurús de bata blanca: ambos utilizan el apocalipsis, conceptos médicos y fórmulas mágicas para atraer a los futuros adeptos, las denominan terapias alternativas y para ello utilizan las falacias. Son verdades a medias y conducen a un razonamiento incorrecto porque se combina una verdad con varias mentiras.

Algunos ejemplos serían: – El ser humano es un animal y entonces, si tiene fe puede volar igual que un pájaro. – Si llueve el suelo se moja, entonces como el suelo está mojado, significa que ha llovido. – Nunca he sido multado por exceso de velocidad por lo tanto, conduzco bien – y así un sin fin.

Con esto quiero explicar que pensando de esta manera es muy fácil hacer relaciones de causa-efecto (si haces esto sucede aquello). Estos charlatanes basan sus terapias en la fe y en lo que ellos denominan medicina natural (hierbas y agua). Simultáneamente, se muestran cautos frente a la justicia y proponen su metodología como paralela a la medicina tradicional.

Eso sí, dejando bien claro que la curación viene de la suya. Igualmente, sus dos palabras más utilizadas son milagro y magia, con ellas aseguran poder curar cualquier enfermedad, el cáncer, el sida, la esclerosis múltiple, la ceguera, la esterilidad, etc. Afirman que el poder de la mente es tan grande que si deseamos algo con muchas ganas, se acaba consiguiendo porque nada es incurable, sólo hay que centrarse mucho en la enfermedad y esta acaba desapareciendo.

Viene a ser igual que los falsos recuerdos, que a base repetir la mentira se convierten en realidad. Se podría decir que es un lavado de cerebro sólo que en las sectas se utiliza para vaciar los bolsillos de los adeptos, es su precio a pagar por la fe, nada es gratis.

– Si quieres energía, ¡paga por ella! – Si quieres ver la luz al final del túnel, ¡págala! –

Es irónico esto que acabo de escribir pero es que realmente es el único objetivo de estos grupos, sacarnos el dinero y para ello juegan con nuestros miedos e inseguridades. Lamentablemente, el lavado de cerebro es tan profundo que deja secuelas y por eso mismo hay gente que una vez consigue abandonar la secta, pasado un tiempo decide regresar a ella.

Después, según ellos la energía proviene del universo, de la madre naturaleza o de Cristo y en base a ello, nosotros somos también energía y cuando esta queda bloqueada en el organismo altera nuestro estado anímico. Esto es justo otra falacia, están utilizando la energía generada por las *"mitocondrias"* para generalizarla al conjunto del organismo y así afirmar que somos seres de luz. A su vez, leen libros religiosos y sacan sus propias conclusiones, los interpretan a su manera y curiosamente, ¡siempre a su favor!

"Las mitocondrias son orgánulos celulares que generan la energía necesaria para que las células puedan realizar sus funciones."

Por otro lado, su mejor arma para convencer a los futuros creyentes es hacerles creer que todos sus males surgen por un conflicto emocional, lo asocian como causa directa entre los pensamientos negativos y el desarrollo de una enfermedad. Asocian el malestar psicológico con cualquier enfermedad, generalizando el proceso.

Hacen uso de la amalgama (unión de conceptos distintos), se mezclan entre ellos para explicar una enfermedad, es su forma de justificar que cualquier enfermedad viene de la psicomatización. Esta palabra nos dice que nuestra mente crea las enfermedades y en consecuencia, si cambiamos el modo de razonar las eliminamos. Es decir, padecemos un trastorno mental y posteriormente se manifiesta en el organismo en forma de enfermedad.

Indudablemente que en algunos casos es así pero como he dicho más arriba, lo generalizan para todos. Intercambian la palabra curar por la de reducción de las dolencias. Es un hecho que con la asistencia psicológica cualquier enfermedad se soporta mejor porque el paciente aprende nuevas formas de afrontarla y acaba reduciendo tanto la sensación de dolor, como los pensamientos negativos o catastróficos pero no tienen incidencia sobre el desarrollo de la enfermedad.

Esta no se detiene por el simple hecho de tener fe o cambiar su interpretación y aquí es donde enfatizan ellos. Nos hablan de reprogramación biológica, como si nuestros pensamientos pudieran modificar la información celular o incluso cambiar nuestro ADN. Es insultante hacer estas afirmaciones, cualquiera que lea un poco sobre biología sabe que no es cierto.

Relativo a las sectas, indagan sobre las necesidades de sus fieles y les hacen creer que no están cubiertas pero que gracias al grupo se sentirán plenos y realizados, ahí encontrarán las respuestas a todas sus dudas. Consiguen que se sientan especiales, que forman parte de los elegidos para guiar a la humanidad hacia el éxito. Su único requisito es dedicar todo su tiempo y fuentes económicas a la causa, a la organización.

No obstante, el proceso no es de un día para el otro, lleva su tiempo captar al futuro miembro y para seducirlo se utiliza un discurso optimista y alentador, potenciando sus virtudes y minimizando sus defectos. Sin embargo, una vez captado se cambia por un discurso culpabilizador, actuando de forma opuesta, se potencian las debilidades y se omiten o menosprecian las virtudes, de esta forma se consigue el pensamiento grupal.

Se pierde el crítico para adquirir el automático, actuar sin razonar, se sigue a la masa grupal bajo las órdenes de los líderes. Es necesario recalcar que el negativismo y el miedo son más fáciles de inculcar que la alegría porque los primeros empujan al optimismo, a crear un mundo mejor, sin embargo, la alegría significa vivir en el presente y ser consciente que tan mal no estamos.

Igualmente, el miedo es la mejor herramienta para conseguir la fidelidad a la comunidad, el miedo a represalias o a ser castigados por un ser superior o por el propio grupo. Paralelamente, para instaurar la culpa y la vergüenza los líderes exigen cada vez más a sus fieles, los vuelven autoexigentes sabiendo que no podrán cumplir con todo y esta sensación de no llegar conduce a la frustración, a la dependencia emocional y se refleja en la sumisión total.

Así mismo, voy a exponer las tres formas de modificar las conductas para que los seguidores no abandonen la organización. Por un lado, se trata de reforzar las beneficiosas y por el otro, se eliminan las que van en contra de la organización. Son el refuerzo positivo, el negativo y el castigo.

Este último es el que menos cambios ofrece a largo plazo y además, una vez cumplido, la conducta indeseada reaparece. Por su parte, el negativo evita que se lleve a cabo la conducta porque su premio es evitar las consecuencias desagradables. Luego, el positivo todos lo conocemos, es premiar por la conducta correcta. Así que, según lo que se quiera conseguir usaremos uno u otro y es justo lo que sucede en las prisiones, según lo que quiera cada país, así las crean.

Más adelante profundizo en ellas porque es muy importante para entender la diferencia entra los presos que vuelven a ingresar al poco tiempo de salir y entre los que salen y además de reinsertarse a la sociedad, lo hacen con un valor añadido. Han aprovechado su estancia en la cárcel para estudiar una carrera universitaria o aprender un oficio o por lo menos, han cambiado sus malos hábitos por unos más beneficiosos.

Su objetivo era intentar ser alguien diferente porque eran conscientes que para conseguir resultados distintos tenían que comportarse de modo diferente y así lo hicieron.

Intentar ser quien quieres ser: no importa cuántos años tengas, ni tu estado civil, si estás casado, soltero, separado, divorciado, siempre estás a tiempo de intentar conseguirlo. Eso si, para lograrlo primero tienes que informarte de cuáles son los rasgos de la persona en la que te quieres convertir, para luego abandonar los tuyos y adquirir los suyos, (hábitos y costumbres). Estudiar, leer, practicar deporte, interactuar socialmente (extroversión), constancia, determinación, etc.

Con esto quiero que entiendas que tu objetivo tiene que ser realista y sobre todo, ser consciente del motivo del cambio, por qué quieres ser como esta persona. Puede que admires su físico, su inteligencia, su fortuna, su manera de hablar e interactuar socialmente, etc. Estos motivos tienen que estar claros y a partir de aquí empezar a visualizarte y comportarte del mismo modo que ella.

Seguramente, tendrás que hacer bastantes cambios en tu forma de vida pero si realmente lo deseas, merecerán la pena. Lo importante ya no es conseguir el objetivo, sino, el aprendizaje que irás adquiriendo, tu nueva forma de interpretar la realidad, lo que hoy te parece importante o insignificante seguramente cambiará y lo verás de otra forma, le darás otro valor, ya sea emocional o económico.

Te estoy hablando de la determinación y la constancia, dos conceptos claves para conseguir cualquier objetivo deseado. Habrá días donde querrás abandonar la idea y tirar por la borda todo el tiempo y esfuerzo invertidos, pensarás que no merece la pena continuar. Entonces, la determinación te recordará el motivo del por qué estás luchando y la constancia, te hará ser consciente de hasta dónde has llegado, del camino recorrido.

También, te acordarás de cómo estabas anímicamente cuando empezaste, de los pensamientos e ideas que te surgían. Gracias a estos dos conceptos nunca perderás la motivación para continuar porque se consiguen con esfuerzo y aceptando siempre la situación actual pero sin acomodarse a ella, te sirve como etapa de descanso mientras llegas a la meta.

A su vez, esto se puede hacer de dos formas diferentes, abandonando tu ser, convertirte en alguien diferente o adaptando tu ser a tu nuevo yo. Es decir, no abandonas tu esencia, sino que asimilas los nuevos conceptos, expandes tus conocimientos pero sin dejar de ser quien eres.

De manera semejante, es como nos condicionan los hábitos y las costumbres, es un hecho que tanto nuestra salud mental como física dependen totalmente de ellos, nos guían para interactuar socialmente. Según cómo afrontemos las situaciones diarias quedaremos influenciados el resto de la semana e incluso del mes. De ahí la importancia de tener hábitos y costumbres saludables que potencien nuestro valor como sujetos en la sociedad.

Hay una relación lineal entre nuestra forma de interpretar los sucesos y los sentimientos surgidos posteriormente, con lo cual es de suma importancia la actitud escogida para este fin. Entonces, ¿qué actitud usamos para afrontar las situaciones diarias?

Esta palabra se puede definir como la forma de interactuar con las situaciones cotidianas. Es la forma de vivir el día a día y consecuentemente, las costumbres y los hábitos vienen condicionados por ella. Entonces, tenemos la actitud depresiva, la indiferente y la optimista y como se puede imaginar, las repercusiones mentales también serán diferentes.

Por su parte, la depresiva se caracteriza por la ansiedad y la tristeza, la persona vive las situaciones con miedo, no las disfruta por muy positivas que sean porque siempre está a la espera de alguna noticia negativa o de que la situación actual acabe en desgracia. Vive en el pasado y hace una relación directa entre las situaciones vividas con las que vivirá, dando como resultado un estado de tristeza y depresivo porque interpreta que el resultado no se puede cambiar.

A su vez, la indiferente es neutra y como resultado la persona vive en la reactividad emocional, si las situaciones son alegres, sonríe y si son tristes, llora. También decir que tiene sus ventajas porque la persona no espera nada de la vida, se comporta tal cual se presentan las situaciones, se adapta a ellas pero el problema surge cuando vienen muchas negativas de golpe o seguidas en un corto plazo de tiempo. Lamentablemente, la adaptación se hará de forma negativa y el estado depresivo puede transformarse en depresión crónica.

Igualmente, hay que afirmar que todos tenemos estados depresivos, solo que transcurridos unos días desaparecen porque el estado optimista acaba imponiéndose y es que siendo optimistas la vida se interpreta de una manera diferente a las otras dos. Con la primera, la persona se focaliza en el pasado, no disfruta del presente y dibuja un futuro catastrófico. Con la segunda, se deja llevar por las circunstancias pero si no vigila puede caer en el comportamiento compulsivo ya que no razona las situaciones, todo son emociones.

Sin embargo, con la optimista la persona razona las situaciones y busca cómo sacarles provecho, aunque en un principio parezca imposible. Significa vivir en el presente, sin dejar de pensar el futuro y cogiendo el pasado como referente pero sin dejarse condicionar por él.

Viendo la importancia de la actitud, si queremos mantenernos alejados de los trastornos mentales es interesante tener un estilo de vida enfocado en la optimista y esta se consigue no dramatizando las situaciones. Como podrás deducir es un bucle, adquieres la costumbre de dar el valor exacto a cada momento, no te dejas llevar ni por la euforia, ni por la tristeza.

Tienes el hábito de ser crítico con lo que te rodea, no es lo mismo salir a correr un día de frío que de uno de calor, como tampoco lo es comer cada día comida chatarra que hacerlo de vez en cuando. Eres consciente de estas diferencias y de los resultados obtenidos, igualmente también eres consciente del esfuerzo y determinación que conlleva cambiar de hábitos y posteriormente de costumbres.

Digo esto porque el hábito se consigue después de repetir la misma conducta durante 21 días seguidos y por su parte, la costumbre lo hace después de tres meses realizando el mismo hábito. Para que se entienda mejor te lo explico a modo de ejemplo y para ello expongo dos diferentes pero con el mismo significado: – ¿Eres deportista, sedentario, llevas una vida sana, bebes alcohol, fumas, consumes drogas ilegales, hablas mal de los demás, etc.?

Personalmente, tengo el hábito de practicar deporte y la costumbre de hacerlo un mínimo de 4 veces por semana, con lo cual me definen como deportista. Otro ejemplo es la ablación femenina, hay países que lo tienen como hábito y se ha convertido en una costumbre hacerlo, es una norma social más. En este caso frente al resto del mundo son unos seres sin escrúpulos. Con esto quiero que entiendas que somos lo que hacemos, no, lo que decimos que hacemos.

Entonces a ti – ¿Cómo te definen? – ¿Coincide con tu autodefinición? – ¿Eres de los que hacen o de los que dicen que harán? –

Queda claro que los hábitos saludables contribuyen en la adquisición de costumbres beneficiosas y al mismo tiempo nos mantienen alejados de las situaciones y conductas perjudiciales, que a largo plazo pueden destruirnos mentalmente, son capaces de hacernos creer que somos inferiores a los demás.

La simple costumbre de hablarnos mal a nosotros mismos consigue la autodestrucción y viceversa sucede exactamente igual, si nos hablamos bien, el autoconcepto cambia radicalmente para mejor. No es lo mismo el hábito de insultarnos cada vez que nos equivocamos, que el de reírnos por los errores cometidos o por ser torpes.

No es lo mismo autodenominarse inútil que campeón, un inútil nunca hará bien las cosas, sin embargo, un campeón puede ser torpe y cometer errores pero acaba haciendo bien las cosas, cumple con el objetivo propuesto. Es más, ningún campeón llega a serlo sin antes cometer errores, con lo cual, si tienes hábitos saludables no tengo nada que decir pero si no es el caso, te aconsejo empezar por los dos más importantes, pues te facilitarán el resto.

Hacer ejercicio físico de forma regular e intensa y llevar una alimentación equilibrada. Teniendo el organismo en forma es muy sencillo adquirir una actitud positiva y con ella interpretar mejor los sucesos de la vida. Estarás adquiriendo el hábito de ser crítico, de no juzgar sin saber, de no criticar a los demás, sino, de hablar con ellos y decirles lo que piensas en la cara, no vas por detrás.

Esta forma de afrontar los conflictos hará que potencies tus herramientas mentales, mejorarás tu umbral a la frustración porque enfocarás los fracasos como un reto a superar. Lucharás por superar los momentos desagradables, no huirás, sino, que los enfrentarás y por lo tanto, saldrás reforzado anímicamente. Con el paso del tiempo dejarás de darles tanto valor a los momentos desagradables, los aceptarás porque entenderás que son una lección, ya sea una separación sentimental, la pérdida de un ser querido, la pérdida del empleo, etc.

Acabas entendiendo que el dolor es inevitable pero el sufrimiento es opcional. Es más, con esta actitud no dejas espacio a los reproches frente a las posibles enfermedades porque estás haciendo lo correcto frente a ellas, cuidas tu organismo y aceptas que no todo depende de ti. Igualmente, las enfermedades se llevan mejor con una actitud optimista ya que eres capaz de disfrutar de cualquier momento, no importa ni el lugar, ni el momento, simplemente te dejas llevar, tu único objetivo es disfrutar mientras puedas.

De manera análoga, no cambiar los hábitos imposibilita la consecución del perfil deseado y se acaba reflejando en nuestro comportamiento, nos volvemos unas personas amargas. Más aún, seguro que todos hemos usado la frase *"estás amargado/a"* para describir a alguien.

Eres una persona amargada, sólo haces que quejarte, nunca estás contenta, todo lo criticas y te parece mal. Pues bien, esta manera de ser es fruto de la falta de herramientas cognitivas para afrontar las situaciones desagradables. La persona es incapaz de disfrutar de los contratiempos, mentalmente es demasiado rígida y no puede amoldarse a las nuevas circunstancias, dando como resultado la frustración.

Utiliza la queja como forma de relacionarse socialmente, todo le parece mal, injusto, insuficiente y opina que podría haberse hecho de manera diferente. Entonces, una de las mejores maneras de interactuar con ella es usando la ironía. La idea es no dejar que nos amargue a nosotros también, la negatividad se contagia fácilmente si no tenemos cuidado. Siendo irónicos conseguiremos que se percate de su comportamiento y seguramente dejará de quejarse tanto delante de nosotros.

Algunas de las frases que podemos usar son: – Eres genial, todo lo ves fatal –Te acaban de subir el sueldo y en vez de estar alegre, te quejas – Me encanta cómo eres, lo tienes todo para estar contenta y sin embargo, te pasas el día quejándote. – Cuando sea grande quiero ser cómo tú –

El objetivo de nuestro comportamiento es hacerle entender que estamos hartos de su carácter y que nos da más lástima que placer estar con ella. Igualmente, hay que entender que la amargura es un hábito adquirido y del mismo modo que se ha aprendido, se puede desaprender. Sólo que para ello hay que empezar abandonando la queja no constructiva, es decir, por cada queja que hagamos tenemos que aportar una solución. De esta manera nuestro cerebro entenderá que ante las complicaciones siempre hay una posible salida y a su vez, este pensamiento produce esperanza.

Interpretará las situaciones de forma no catastrofista, las entenderá más como un reto a superar y al mismo tiempo las considerará como una lección. Paralelamente, empezará a prestar más atención a los beneficios que a los perjuicios. Con esto quiero decir que una vez hecha la queja, tenemos que especificar de qué manera nos afecta la situación y por qué.

Siguiendo estos simples pasos nos daremos cuenta que no somos el centro del universo y que las cosas no tienen por qué ser como nosotros queremos. De igual modo, hay que celebrar cualquier objetivo logrado, por muy insignificante que sea. De la misma forma que lloramos una pérdida, hay que celebrar una alegría y esto se consigue dejando de lado el pesimismo.

- Abandonar la actitud negativa para dar paso a la optimista: las emociones y los sentimientos guían nuestra conducta y a partir de aquí, disfrutaremos de los sucesos que vengan o por el contrario, nos serán indiferentes o peor aún, nos parecerán desagradables.

Es precisamente por este motivo que hay que darle más valor a las situaciones agradables que a las molestas y una forma sencilla para empezar a adquirir este hábito es cuidando nuestro vocabulario interno, la forma de hablarnos a nosotros mismos. Por otro lado, también es de suma importancia la información que transmitimos a los demás durante nuestras interacciones sociales. Las quejas sólo tenemos que darlas si van acompañadas de alguna solución: – Esto no me gusta, propongo hacer esto para cambiarlo –

Actuando de esta forma el problema será temporal porque ya hemos dado un posible remedio y a nivel mental nuestro malestar desaparece. Al mismo tiempo, el malestar no puede durar todo el día y menos aún, toda la semana. Esto por una parte y por la otra, hay que ser objetivos para valorar nuestro estado emocional y así asociarle un sentimiento acorde a la situación.

Es decir: – Si no estamos enfermos, estamos bien – Si no nos duele nada, también estamos bien – Si hoy es nuestro día libre, estamos de lujo – Si estamos bebiendo nuestra bebida favorita, estamos de maravilla – Si hemos ido a trabajar y no hemos llegado tarde, de igual forma estamos estupendos.

Como ves, apenas hay motivos para afirmar que estamos mal. Sin embargo, mucha gente es como responde cuando le preguntan qué tal está, contestan de forma negativa: – Estoy mal – Podría ser mejor – Voy tirando – Sobreviviendo – De lunes, etc. Claro que podemos estar mal un momento pero en cuanto valoramos las cosas buenas que nos han sucedido durante el día, el sentimiento se transforma automáticamente en positivo.

Es necesario hacer la media de las situaciones vividas y si la supera es que has tenido una buena semana, sea la pérdida del empleo, el fin de una relación sentimental, haber suspendido un examen, etc. Es un hecho que el 5 es superior al 4 y además, está reflejando el aprobado, con lo cual has conseguido tu objetivo pero no vayas siempre a por el 10, lo realmente importante es haber aprobado. Es decir, has tenido una buena semana pero han habido sucesos negativos, no se trata de negarlos, sino, de darles menor importancia.

Ahora, volviendo al carácter amargado, siendo así lo más habitual es que la gente se aleje de nosotros ya que sólo nos fijamos en sus defectos. Sin embargo, si empezamos a fijarnos más en sus aspectos positivos estaremos reflejando empatía y esto atrae y además, facilita la interacción social dando paso a la fluidez de las situaciones. Luego, nos fijaremos más en los beneficios sociales que en las carencias y así sucesivamente en cualquier ámbito que nos movamos.

Como verás, cambiando de actitud modificamos el carácter, lo hacemos más productivo y otro valor añadido de la actitud positiva es que conseguimos un carácter más apaciguado y esto se traduce en menos úlceras, depresiones y ansiedades. Igualmente, gracias a este cambio evitaremos que nuestros seres queridos se alejen de nosotros, como he mencionado anteriormente.

Hay que entender que nos alejamos de los demás cuando nos empiezan a perturbar mentalmente o alguno de los dos ha cambiado tanto que nuestras conversaciones se han vuelto estériles y las consideramos una pérdida de tiempo. Pero quiero dejar claro que alejarse no tiene porqué significar desaparecer de su vida. También puede ser mantener cierta distancia, podemos dejar de ver tanto a esa persona o pasar menos tiempo con ella.

Me alejo de ti porque ya no me aportas nada: no se trata de ser egoísta y de mirar únicamente por los beneficios propios, es ser coherente con los pensamientos, como ya he mencionado en varias ocasiones. Es no dejarse manipular por nuestros propios pensamientos y vivir en el pasado, apegados a los demás. Esa relación con la ex-pareja sentimental, amigos, ex-compañeros de trabajo, familiares, etc. en su momento seguramente tuvo éxito y resultó fructífera pero actualmente ya no.

La misma palabra lo dice, (ex), nos está hablando del pasado y este es un concepto que hay que saber interpretar, la evolución personal tiene mucho que decir al respecto. Hemos adquirido nuevos hábitos y lógicamente, interpretamos las situaciones de otro modo.

Resumiendo un poco, son lugares o personas que en su momento nos aportaban algún beneficio pero que actualmente han dejado de hacerlo, más bien se han convertido en perjudiciales u obstáculos en nuestro camino. Estamos dejando de lado placeres o cualquier responsabilidad para estar pendientes de ellos, nos preocupa más su opinión que el tiempo estéril que les estamos dedicando, es una situación nada beneficiosa.

Nos estamos guiando por las emociones en vez de hacerlo por el raciocinio, precisamente el responsable de nuestra evolución. Cada vez que hacemos una actividad placentera nuestro organismo segrega endorfinas y estas nos animan a repetir la misma conducta una y otra vez, ya sea leer, hacer ejercicio físico, ver la televisión, conversar con amistades, etc.

En ocasiones, hay actividades que dejan de generarnos placer pero por apego, seguimos con ellas, predomina la relación con el grupo o persona y claro, se convierten en una fuente de malestar. Con esto quiero resaltar la importancia del apego porque puede generar el efecto contrario a la evolución, puede incitar a la involución. Ir hacia atrás, nuestra mente puede volverse estúpida, negativa, perezosa, miedosa y esto se traduce en un cambio de actitud frente a la vida.

Quizás antes eras alguien alegre, divertido, trabajador, responsable y ahora eres todo lo contrario, te has vuelto negativo, miedoso, perezoso e incluso tóxico, todo te parece mal y te pasas el día criticando el sistema social y a los demás. Evidentemente, viendo este cambio en ti, nuestras ideas ya no concuerdan con las tuyas y los temas de conversación han cambiado, ya no estamos a gusto contigo, es más, nos perturba mentalmente estar a tu lado.

Digamos que estás en una relación sentimental y por simple evolución personal has cambiado de hábitos y de forma de ser, pues tu pareja ya no está a gusto contigo, ya no le aportas lo que buscaba, has cambiado y contigo también lo ha hecho la relación, con lo cual, decide ponerle punto y final.

Ahora, igual que la situación ha cambiado para peor, también puede revertirse y no tiene por qué ser muy difícil si nos guiamos por la coherencia conductual. Eso sí, antes tenemos que analizar qué estamos buscando de la interacción con esa persona, porque en ocasiones no es ella, sino, el ambiente en el que interactuamos. El trabajo, el gimnasio, el bar, el barrio, etc., el lugar influye bastante.

Para que me entiendas: – Por un lado, está la gente que se preocupa por la opinión ajena y por el otro, está la gente que asume responsabilidades innecesarias – Sin tener en cuenta ninguno de los dos que sólo puede perturbarnos mentalmente la opinión de quien nos aporte felicidad. Es decir, si no influyen en nuestras ganancias económicas y/o en nuestro bienestar, son un cero a la izquierda y como tal, no tienen porque alterarnos.

Un ejemplo sería la necesidad de mantener amistad con la ex-pareja o relaciones sociales con amistades del pasado. No estoy diciendo que las olvidemos pero sí que cambiemos el sentimiento hacia ellas. Hay que entender que la vida funciona por etapas y en cada una conocemos gente diferente, de estas personas una pequeña minoría nos acompañará en las siguientes e incluso habrá quien esté en todas.

Con esto quiero explicar que hay que saber diferenciar las etapas y ser conscientes de lo que buscamos en cada una de ellas. En definitiva, una vez lo tengas claro puedes empezar a marcar las líneas rojas, son conductas y palabras que no permites a nadie, te producen rechazo. Pongamos que tú y yo somos amigos, nos une el buen rollo y las risas pero por circunstancias ajenas a mí tu humor cambia, te has vuelto aburrido y no sales de casa, entonces, mi labor como amigo es preguntarte qué te pasa e intentar ayudarte.

Indudablemente, si transcurrido un tiempo no reaccionas y te quedas con tu nueva forma de ser, tengo que alejarme de ti, somos amigos y te iré viendo de vez en cuando pero no tan frecuentemente como hasta ahora porque tu comportamiento me está perjudicando o simplemente no me aporta nada, nuestras conversaciones se han vuelto estériles y las encuentro una pérdida de tiempo.

A su vez, tenemos que trabajar la capacidad de hablar claro y conciso, decir las palabras adecuadas y con el tono exacto. Por ejemplo, en este caso en particular te diría: – "Me caes muy bien pero tu actitud ha cambiado, te has vuelto negativo y cuando estoy contigo siento que me quedo sin energía, me la absorbes, lamentablemente, he decidido pasar menos tiempo contigo. Ahora, si decides cambiar estaré encantado de volver a dedicarte mi tiempo" –

Hablando de esta forma no dejamos espacio para las dudas ni para las interpretaciones subjetivas, es mejor dejar las cosas claras que alejarse sin más. Sin embargo, esta segunda opción es muy efectiva cuando no hay un lazo emocional, sino, más bien una simple amistad o un interés en particular. Estamos viendo que no conseguimos lo que buscamos y decidimos alejarnos sin más, si en algún momento nos preguntan, se lo decimos sin tapujos. Te acabo de definir la capacidad para decir NO, ¡no quiero más!

Es más sencillo de lo que parece, tienes que buscar la coherencia entre lo que estás haciendo y lo que sientes, si es desagradable significa que no te convence, entonces tu respuesta tiene que ser negativa, así se simple. Tienes que hacer menos caso a las emociones y centrarte más en las sensaciones. Las primeras son inevitables, sin embargo, las segundas pueden condicionarse y a su vez adaptarse a nuestros intereses.

Dicho de una forma más corta, hay que tener el valor de alejarse de los lugares y de la gente que no nos aporta nada y que además, en muchas ocasiones nos perjudican. Seguramente no sea fácil pero hay que anteponer el razonamiento a las emociones, si la situación en vez de sumar, resta, aléjate.

No tiene sentido quedarte ahí, estás desperdiciando tu potencial y lo más importante, tu tiempo. Igualmente es necesario centrarse en la conducta no verbal para lograr este cambio en nosotros y aquí juegan un papel determinante las neuronas espejo.

Las neuronas espejo: son las responsables de que podamos copiar los gestos y sentimientos percibidos en los otros (mimetismo). Es como si estuviéramos viéndonos en un espejo y la conducta ajena fuera la nuestra. Un buen ejemplo es cuando vemos a alguien comer un limón y pone cara agria, inmediatamente gesticulamos del mismo modo, pues con la gente negativa o tóxica que nos rodea sucede exactamente igual, empezamos a pensar y razonar igual que ellos. ¡Repetimos sus mismas palabras y hacemos nuestras sus frases!

Sin embargo, estas neuronas son una herramienta cognitiva brutal si las sabemos utilizar a nuestro favor, tienen la capacidad de cambiar el estado anímico de cualquier situación en la que estemos interactuando. Otro ejemplo, es cuando entramos en un establecimiento y saludamos con una sonrisa, raramente no se nos contesta del mismo modo, con otra sonrisa.

Es un efecto de la conducta no verbal y es que tanto la postura corporal como los gestos de la cara y de las manos dicen más de nosotros de lo que podemos pensar. Las palabras se pueden manipular, se pueden memorizar y decirlas de cualquier manera pero las emociones que las acompañan son inevitables. Por eso mismo se habla de energía positiva y negativa en relación a las personas, es una sensación de bienestar o malestar que transmitimos sin darnos cuenta.

De aquí la importancia de ser conscientes de su función ya qué nos pueden facilitar mucho la vida si las usamos adecuadamente. Las podemos utilizar para recibir un mejor trato cuando interactuamos con los demás, mientras hablamos con ellos podemos visualizarnos en frente de un espejo y así saber cómo queremos que nos vean y de esta manera condicionar su respuesta.

Es como hacer una entrevista estructurada, estamos guiando a la persona hacia donde queremos y en este caso, le estaremos provocando unas emociones y sentimientos a nuestro favor. Dicho brevemente: "Si quieres que te sonrían, ¡hazlo tú primero y si quieres malestar, expresa melancolía o rechazo social!".

Esto es así porque la mente es la que interpreta las señales para avisar al organismo de si está en peligro o por el contrario, puede disfrutar de la situación. Luego, otro tema también cultural o mejor dicho, social, es no aceptar la opinión de la gente que no quiere tener hijos. Cierto que son una minoría pero hay personas que por los motivos que sean deciden no procrear, ni adoptar. Simplemente han decidido no ser padres/madres y claro, esta forma de pensar tendrá repercusiones mentales según sea nuestro entorno social.

Ahora, debido a la presión de grupo hay quien cambiará de opinión y acabará teniendo hijos no deseados. Otra vez estamos viendo una conducta incoherente con los pensamientos y consecuentemente, aparecen los trastornos mentales y sobre todo, el reproche personal y el sentimiento de culpa por no haber actuado de forma acorde con los pensamientos propios.

No quiero tener hijos: tener hijos es una elección, no una imposición, es una elección elegida de forma voluntaria para llevar un estilo de vida. Es hacer uso del libre albedrío para decidir ser padre/madre o no serlo. Desde la biología se entiende que tener hijos se fundamenta en dos conceptos, el reproductivo y el cognitivo. Por parte del primero, es la procreación tal cual, no hay más factores en medio, es la necesidad de reproducirse para no desaparecer como especie. Sin embargo, por parte del segundo, es más complejo pues entran en juego la felicidad y el bienestar.

Con lo cual, su función es mantener la mente activa para que esta a su vez mantenga el organismo en movimiento, que busque opciones de supervivencia. Tener hijos es una gran responsabilidad por lo tanto, obliga a buscar recursos materiales para su buen desarrollo, se entiende la procreación como diversión y placer, una fuente de motivación extra. Se tienen hijos para disfrutar de su compañía, enseñarles valores sociales, culturales y al mismo tiempo aprender de ellos.

Es un hecho que la enseñanza es recíproca, aprende tanto quien escucha como quien habla. Nos obliga a leer y mantenernos informados de lo que sucede en el mundo (cultura general). Es la mejor manera de enseñar, estar al corriente de los sucesos pero claro, esto supone una inversión bastante importante del tiempo, la persona tiene que repartirlo entre sus obligaciones y la educación de los hijos. Es una decisión tomada para compartir el tiempo personal y disfrutar todavía más de la vida, ya que ser padre/madre es una vocación, una satisfacción personal, no una obligación.

Dicho esto, cualquier motivo que se aleje de esta segunda función para ser padre/mare, es igual de válida que la opción de no serlo, porque estaríamos hablando de preferencias, no de instinto maternal o paternal. No se trata ni de egoísmo, ni de altruismo, sino, de coherencia conductual.

Lamentablemente, el miedo a la soledad, a hacerse mayores y no tener quien cuide de nosotros es un motor para tener hijos, igual que lo es un embarazo no deseado y no abortar por la falta de recursos económicos o por las creencias familiares. A su vez, el más destructivo es la presión de grupo, tanto de la familia como de las amistades.

Estas personas usan la técnica de la repetición del argumento para convencer a los demás, es sencillamente repetir sin cesar las mismas frases o motivos para procrear.

Te dicen: "– Siendo mujer tendrías que tener hijos o siendo hombre es de cobardes no tenerlos – eres egoísta – nadie te cuidará cuando seas mayor – te morirás solo, etc. – "

Viendo sus palabras nos damos cuenta que están basando su felicidad y bienestar en alguien más que no sean ellos mismos. Es un gran error por su parte porque el estado anímico jamás se debe delegar en los demás, – ¿Qué pasará el día que falten, se quedarán sin la alegría de vivir? –

Por su parte, la gente que procrea por amor (instinto maternal/paternal) o no quiere tener hijos hace justo lo contrario, buscar el bienestar en ellos mismos, no lo delegan en otros. Están siendo coherentes con su forma de pensar y aceptarán siempre las consecuencias futuras, jamás los oirás decir: – "Si lo sé, no tengo hijos" y por parte de los que no quieren, tampoco los oirás decir: – "Me arrepiento de no haber tenido hijos" –

Cualquier decisión que tomes al respecto es igual de acertada y aceptable, o por lo menos tendría que serlo. Esto es así siempre y cuando nos alejemos de los estándares sociales y sus prejuicios. Con esto quiero decir que la idea de familia que tenemos cada uno es diferente y como tal, es igual de respetable. Debido a los comentarios repetitivos mucha gente acaba cediendo a la presión social y tiene hijos no deseados, dando como resultado una vida estresada y frustrada.

A continuación y llegados a este punto olvídate por un momento de la religión, de la cultura y de tu entorno más cercano y analiza cómo es tu vida actualmente y cómo querías que fuera: – ¿Qué motivos te han llevado a tener hijos o a no tenerlos? –

Si estás como querías y además, no te arrepientes es que eres coherente conductualmente. Luego, referente a ser cuidados durante la vejez, las personas que se aferran a esta opción no tienen en cuenta que el estado ya lo tiene solventado, es el motivo de la creación del seguro social, para no depender económicamente de los hijos. Igualmente, estamos en el siglo 21 y tenemos muchas facilidades para emigrar de un sitio a otro.

Tu hijo, en cuanto sea mayor de edad tiene la opción de cambiar de lugar de residencia y a lo mejor se va a vivir a más de 3.000 kilómetros de distancia y por lo tanto, no te podrá cuidar. Así que esta elección no es muy acertada, como tampoco lo es la de que te ayuden financieramente pues actualmente, muchos padres/madres jubilados mantienen a sus hijos adultos.

Ahora dejaré tres preguntas para que veas que los argumentos utilizados para convencer a los demás de tener hijos no se sostienen por ningún lado:

– 1) ¿Cuánta gente tiene hijos y vive su jubilación en soledad?
– 2) ¿Cuánta gente está maltratada por sus propios hijos?
– 3) ¿Cuánta gente se ha discutido con sus hijos y ha roto toda relación con ellos?

Creo que ha quedado bastante clara la situación y rematando un poco más el tema de la incoherencia, debo matizar que es una fuente de malestar en la pareja y en muchas ocasiones provoca la separación sentimental. Se deja de lado la relación para centrarse exclusivamente en el hijo, el afecto amoroso y el sexo brillan por su ausencia, la pareja se ha convertido en compañeros de piso y compartir los gastos mensuales.

Peor todavía, debido a la mala gestión del tiempo, la ansiedad y el estrés se instauran en el hogar. Lo que en un principio se avecinaba como un nido de amor a tres, acaba siendo una separación y además traumática, con reproches y bastante rencor. Parece algo natural que el deseo de formar una familia tenga un desenlace feliz ya que en parte fortalece la relación sentimental, debido a que ambos colaboran en la educación del hijo. Por suerte es así en la mayoría de las veces pero en algunas ocasiones, es todo lo contrario y básicamente es por no modificar las prioridades.

– ¿Quién de los dos deja de lado sus aficiones para dedicar ese tiempo al cuidado y la educación del hijo? – ¿Ambos lo hacen por igual o sólo se sacrifica uno? –

Luego, dormir se convierte en un privilegio, hay que levantarse bastantes veces a lo largo de la noche para calmar al bebé y a menudo, cambiarle los pañales. Después, el hijo crece y cuando ronda los 5 años quiere practicar alguna actividad extraescolar, hay que llevarlo al centro deportivo y más tarde volver a por él. Dicho de otra forma, absorbe nuestro tiempo y no todo el mundo está dispuesto a ceder.

En definitiva, para no llegar a este punto ambos tienen que entender que están juntos por elección propia, no por obligación. Ser padres significa dedicarle las 24 horas al hijo pero también tiene que haber algo de tiempo para uno mismo y esto se consigue negociando con la pareja, no imponiéndose a ella, – ¡Porque yo lo digo! –

Esta es una de las afirmaciones que más relaciones destruye y que además, viene por la creencia de la superioridad y en parte, es porque se está utilizando el rol de jefe. Se ha establecido una relación de mando y obediencia jerárquica similar a la de patrón - empleado, en vez de usar la del liderazgo, dar el ejemplo y debatir con el otro antes de decidir. Así que te explicaré las diferencias entre ambos conceptos para que entiendas cómo la educación recibida por cada uno puede influenciar en nuestra interacción social.

- El jefe y el líder: antes de nada definiré el perfil de cada uno, en el caso del jefe es una figura autoritaria, va unida al poder y es un referente jerárquico, está por encima de nosotros. Por su parte, la figura del líder va relacionada con la empatía y la capacidad de transformar las órdenes en conductas necesarias para el buen funcionamiento de la organización. Conoce las carencias y virtudes de su equipo, por lo tanto, sabe cómo y en quién delegar las funciones organizativas.

Igualmente, aunque en muchas ocasiones jerárquicamente esté por encima nuestro no lo percibimos como una autoridad, sino más bien, como una figura amiga, alguien que se preocupa por nosotros y en quien podemos confiar. No es que desconfiemos del jefe, pero el respeto hacia ambos difiere bastante y sobre todo, la interacción mantenida con él, la forma de hablarle no es para nada parecida.

Dicho de otra manera, con el rol de jefe decidimos sin consultar con nadie, no nos interesa la opinión ajena, hacemos las cosas cómo y cuando queremos. Por el contrario, con el de líder, a pesar de tener también el poder, preferimos consultar con los otros antes de tomar una decisión, buscamos el consenso. Ahora, a nivel estructural las dos figuras son necesarias para el buen funcionamiento de la organización.

Esto sería como forma de resumen pero, ser jefe no es incompatible con ser líder o viceversa, una misma persona puede encarnar ambos roles a la vez. Sólo que desde buen principio tiene que marcar las líneas a no cruzar jamás. Los seguidores tienen que entender desde el primer momento que ser líder no significa la carencia de mano dura y estricta como puede ser la del jefe. Tienen que ver reflejada la figura del jefe en el líder, todo y respetando la jerarquía establecida tienen que poder confiar y hablar con él sin tabúes.

Aunque sus funciones son las mismas, difieren en la manera de hacer llegar el mensaje o en la interpretación que hacen los demás de las palabras utilizadas. Ambos deben dirigir la organización hacia el éxito y si estamos hablando de una empresa, el éxito se traduce en beneficios económicos.

Te lo explicaré desde la perspectiva de la empresa para dejar más claras las diferencias pero igualmente, vienen siendo las mismas que en la relación de pareja o en el núcleo familiar. Unos padres autoritarios, que sólo saben castigar por las malas conductas y jamás felicitan por las buenas acciones o una pareja sentimental donde sus miembros sólo se hacen regalos en las fechas indicadas por el calendario.

No tienen la iniciativa de ser detallistas fuera de ellas y sorprenderse mutuamente, con lo cual, ya intuirás que las diferencias entre ambos conceptos marcan bastante el tipo de relación surgida y posteriormente mantenida. Con respeto a la empresa, actuando como jefe sólo se busca la rentabilidad de la organización.

Usando este rol no se mezclan nunca los sentimientos con el trabajo, nos guiamos por el código de conducta interno o por el dictaminado por el estado que curiosamente no habla en ningún momento de premiar conductas sino, más bien de castigarlas y así mismo actuamos, haciendo uso del castigo y dejando de lado los agradecimientos.

Los empleados son vistos como máquinas preparadas para facturar y obedecer las órdenes sin rechistar, han firmado un contrato y tienen que respetarlo. Simultáneamente, sucede igual en la relación sentimental, se entiende que la pareja es nuestra y tiene que obedecernos porque ha escogido estar con nosotros.

En contrapartida, el líder además de la sostenibilidad económica también busca el bienestar del personal y una manera de conseguirlo es utilizando la economía emocional. Son un conjunto de conductas, miradas y gestos enfocados a reforzar el comportamiento del empleado, para que no deje de comportarse de cierta forma, para incentivarlo a continuar por el mismo camino. Además, sus dos palabras más utilizadas son: "Por favor y gracias", mientras que las del jefe son: ¡Es lo que hay, lo tomas o lo dejas!

Viendo el comportamiento del líder, se entiende que en la pareja sentimental este rol es de alguien detallista, que se preocupa por el bienestar del otro y lo considera como alguien independiente, no como una posesión, sino, más bien como alguien que quiere compartir su tiempo con él. No se guía por el calendario para hacer regalos o celebrar eventos, festeja cualquier situación agradable y regala cuando le apetece. Por ejemplo, no espera a que sea su cumpleaños, su santo, el día de la madre, del padre, etc. para tener algún detalle con la persona en cuestión.

Retomando la función laboral, hay un aspecto bastante interesante en el trabajo que va unido totalmente con el respeto y la superación personal y es que cuando el empleado ya gana una cantidad de dinero suficiente para vivir cómodamente, quiere ser reconocido por su labor. Sentirse valorado en la organización y todavía más por sus superiores directos y aquí es donde entra en juego la economía emocional.

Es una forma de premiar sin tener que desembolsar ni un euro, a modo de ejemplo sería: – Alargar el momento del almuerzo, de la comida o también se puede permitir entrar algo más tarde o salir antes –. Son conductas espontáneas que el empleado interpreta como recompensa por el trabajo hecho, siente que su superior confía en él. Dicho de otra manera, el líder además de castigar las injusticias o las conductas malintencionadas, también premia las buenas acciones, cosa que el jefe no hace.

Este último entiende que el empleado cobra por eso mismo, para hacer bien el trabajo y si no lo hace se merece un castigo. Otra gran diferencia entre ambos es la forma de gestionar los contratiempos o los problemas, el jefe busca culpables y el líder, responsables.

Ser culpable o responsable aunque parezcan sinónimos son dos conceptos diferentes y como tal, no provocan las mismas emociones. El primero genera frustración y malestar y el segundo por su parte, genera ganas de cambiar la situación porque se interpreta como una equivocación y esta abre la puerta al aprendizaje.

Es una circunstancia para mejorar y no volver a repetir el error en el futuro, por su parte, la culpa empuja al abandono de la tarea, el empleado tiene miedo de volver a equivocarse y prefiere dejar de intentarlo. Indudablemente, ha perdido la motivación para aprender y consecuentemente, deja de progresar laboralmente.

Paralelamente, sucede lo mismo con las tareas a realizar, el jefe las distribuye de forma igualitaria, sin tener en cuenta las diferencias individuales, ni las situaciones personales de cada uno y en cambio, el líder como conoce las virtudes, los defectos y las preferencias de los empleados, lo hace de forma equitativa. Aunque objetivamente el resultado será el mismo para la organización, no lo será para los empleados.

Ellos tendrán el añadido del subjetivo, tan importante para el bienestar mental como el objetivo, sentirse orgullosos de haber conseguido los retos emprendidos y además, de haberlo hecho sin sufrir inconvenientes personales.

Desgraciadamente, el rol de jefe no entiende de subjetividad, ni de sentimientos de frustración, él solo quiere resultados. No es de su interés saber cómo se hacen las cosas siempre que sean productivas monetariamente y de forma legal. No entiende de burn-out, ni de conciliación familiar. Aplica los derechos del trabajador de forma literal, tal cual están escritos en la hoja.

Análogamente, viendo todo lo escrito se puede llegar a la conclusión de que la felicidad grupal o personal tiene una relación directa con la capacidad de gestionar el tiempo, de invertirlo de tal forma que genere tiempo libre para decidir qué hacer con él.

Gestión del tiempo y felicidad: su gestión puede dividirse en dos términos diferentes, el productivo y el improductivo. El primero es una fuente de placer, orgullo y sabiduría, por su parte, el segundo lo es de insatisfacción personal y de estrés.

La gestión productiva se podría definir como cualquier actividad ejecutada de forma voluntaria, (dormir, descansar, trabajar, ver televisión, comprar, etc.) Así mismo, el improductivo es aquel que no aporta ningún beneficio a posteriori, es el denominado tiempo muerto, simplemente dejar pasar las horas. Ahora bien, para sacarle provecho al productivo hay que saber distinguir entre las tareas prioritarias y las meramente funcionales.

Las primeras son las que nos aportan el bienestar y las segundas, son las obligaciones personales como el trabajo, la alimentación y cuidado del hogar. La buena ejecución de las primeras nos permitirá disfrutar más de las segundas. Es decir, el bienestar nos facilita y mantiene la felicidad y esto se consigue identificando los ladrones de tiempo y posteriormente minimizando el tiempo que les dedicamos, no estoy diciendo que los eliminemos, sino, que les demos su puesto en las prioridades. Ahora bien, según el grado de manipulación sufrida hay quien le dedicará más tiempo a entrar en las redes sociales, ver televisión, hablar por teléfono, enviar mensajes o incluso trabajar desmesuradamente.

Quiero hacer hincapié en esta última forma de invertir el tiempo porque muchas veces se usa como terapia para afrontar los problemas personales. La mayoría de gente que se encierra en su trabajo lo hace porque no quiere regresar a su hogar, este ya no es un lugar de tranquilidad y fuente de energía. Es más bien un generador de malestar, tristeza y desgracias. Utilizan el trabajo como refugio para encontrar la paz, le han cambiado su función principal, los ingresos económicos.

Así de simple, trabajamos para conseguir dinero, nadie trabaja gratis, ni el mejor de los abogados, ni el mejor cirujano del mundo, ni la clase política, ni tus padres, ni tú mismo lo haces. Todos buscamos dinero a cambio de nuestros servicios, intercambiamos tiempo y conocimientos por dinero. Sin embargo, hay quien lo usa como hogar, le dedica todo el tiempo posible para no pensar en lo desgraciada que es su vida. Es su forma de afrontar los conflictos o las preocupaciones (si no las ve, no existen). Esta gente sale temprano de casa y llega tarde, apenas les queda tiempo para darse una ducha y cenar.

Es entrar por la puerta, saludar a la familia, intercambiar algunas palabras con sus miembros y poco más, ya es la hora de meterse en la cama y así toda la semana. Luego, el día de descanso, si lo tiene lo dedica a planear la semana siguiente. Su conducta está reflejando indiferencia hacia los demás o miedo a la situación vivida en el hogar. No tiene la valentía de afrontarla y asumir las consecuencias que puedan surgir.

Esto por una parte y por la otra, también es debido al aburrimiento, es incapaz de disfrutar fuera del ámbito laboral. Todo lo que no sea ser productivo económicamente le parece una pérdida de tiempo y es debido a la falta de organización ya que dedicar mucho tiempo al trabajo no es sinónimo de mayores beneficios. Si lo fuera, los taxistas y el ramo de la construcción serían los más ricos del planeta. Son gente que hace muchas horas semanales y trabajan duro.

Referente a sustituir la función del trabajo es un hecho desastroso a nivel personal ya que el bienestar de la persona pasa por trabajar y lamentablemente, cuando llegan las vacaciones o los festivos, los vive más como una pesadilla que como una alegría o un premio a su constancia y dedicación. Sin ir más lejos, mucha gente cuando se jubila se siente inútil y vive un infierno, los días se hacen interminables. Es lo que sucede cuando nos autodefinimos únicamente en base al trabajo y descartamos el conjunto personal.

Una cosa es nuestra profesión u oficio y otra muy diferente es cómo nos definimos, podemos ser repartidores de pizzas y artistas al mismo tiempo. Una cosa es cómo nos ganamos la vida y otra es cómo la disfrutamos. El trabajo nos aporta dinero y nosotros decidimos qué hacer con él, si acumularlo, adquirir deudas, gastarlo productivamente o dilapidarlo.

Dicho de forma diferente, la función del trabajo no es sustituir las carencias emocionales, ni ocupar el tiempo libre, sino, concedernos dinero para disfrutar de él. Igualmente, este hecho se entenderá mejor si sabemos diferenciar entre **urgente/importante** y **no urgente/no importante**.

La forma de afrontarlo va directamente relacionada con el tiempo disponible. Cuanto más tenemos, menos urgente es aunque sea importante. Digamos la declaración de la renta, es importante pero si se hace con previsión no es urgente, sin embargo, si se deja para el último momento se convierte en urgente y puede llegar a provocar estrés. Este concepto es fruto de la falta de tiempo, es la incapacidad de realizar un acto en el tiempo estipulado, se requiere de más y no disponemos de él. Luego, el estrés prolongado en el tiempo es un factor que distorsiona la felicidad, dificulta su apreciación.

Por su parte, lo importante está relacionado con las consecuencias de no hacerlo y/o con la recompensa de hacerlo. Por otro lado, está la ansiedad, un concepto relacionado con el futuro, un tiempo que está todavía por venir pero que viene condicionado por experiencias pasadas sobre su gestión improductiva. Con esto quiero decir que todos preferiríamos vivir sin trabajar pero ya que tenemos que hacerlo, ejecutarlo con calma y algo de placer nos aportará bienestar. Sin embargo, haciéndolo con prisas y además, sin ganas, sólo aumenta las probabilidades de desarrollar algún trastorno mental.

Paralelamente a esta forma de pensar se añade la influencia familiar, la interacción mantenida con sus miembros. Según cómo haya sido la educación recibida puede motivarnos a luchar por lo que queremos o por el contrario, puede guiarnos al conformismo y provocar que aceptemos cualquier situación medianamente confortable, aunque no nos aporte felicidad. Es decir, según los refuerzos recibidos durante nuestra historia evolutiva, así iremos adquiriendo miedos, valentía y formas de interpretar la realidad.

Lamentablemente, esta educación recibida es la causante de que muchas veces elijamos a una pareja sentimental por el miedo a la soledad o para cubrir cualquier sentimiento de inferioridad que tengamos, en vez de hacerlo por amor.

Ahora bien, ya no es sólo cuestión de la familia porque según en qué país y/o cultura crezcamos nos van a inculcar desde pequeños que la mejor manera de vivir es en pareja. Nos pueden hacer creer que la soltería está fuera de contexto después de los 30 años y más si somos mujeres. Nos venden la historia de que para vivir en el bienestar y la felicidad hay que estar en pareja y si además, tenemos hijos ya nos ha tocado la lotería. Pues bien, esta creencia conduce muchas veces a la desesperación por encontrar a alguien con quien compartir la vida y precisamente esta es la palabra clave del bienestar y la felicidad, compartir nuestra sabiduría y materiales.

- **En el amor, ¿Somos elitistas o conformistas?**: referente a nuestra pareja sentimental, – ¿Escogemos estar con ella para compartir momentos o para ocuparlos? – Déjame decirte que si eres de esas personas que critica sin cesar a su pareja, quizás estés con la persona equivocada ya que la pareja se elige, no viene impuesta. No puedes o mejor dicho, no tiene sentido estar reprochándole a diario que no se cuida físicamente, no colabora con las tareas del hogar, no se preocupa de la educación de los hijos, que no hacéis nada en conjunto, que le da preferencia a los amigos antes que a ti, etc.

Ahora claro, según nuestro estado emocional, autoestima y autoconcepto buscaremos un tipo de persona u otro y es aquí precisamente donde puede cometerse el error. – ¿Hemos escogido a esa persona por amor o por necesidad? – ¿Queremos compartir nuestras experiencias con ella o por el contrario, estamos buscando llenar un hueco emocional? –

Me estoy refiriendo a la soledad porque no es lo mismo la buscada que la impuesta o la encontrada. La soledad buscada es gratificante y productiva porque ha sido escogida como modo de vida, sin embargo, las otras dos no han sido deseadas y cuando no tenemos libre albedrío, las probabilidades de adquirir un trastorno mental se disparan.

En relación a la impuesta, por ejemplo, el rechazo social, provoca que se formen guetos en las ciudades o en el colegio potencia la marginación de los adolescentes y en consecuencia, se unen a bandas delictivas. De la misma forma sucede en las residencias para ancianos, en muchas ocasiones son ingresados sin su consentimiento y se sienten aislados del resto del planeta.

Por eso mismo agradecen tanto la labor de los voluntarios que se acercan para hacerles compañía de vez en cuando. A su vez, en el ámbito personal es destructivo y de ahí que tanta gente le tema y prefiera estar con quien sea, antes quedarse solas. Son conscientes que la persona no les aporta lo que buscan pero aun así, prefieren estar con ella. Luego, la encontrada viene por las circunstancias de la vida, un trabajo que requiere dedicación plena o unos horarios complicados que dificultan la socialización con los demás.

Es una soledad no impuesta pero tampoco es elegida, no es placentera, pero aporta beneficios personales, como pueden ser un mayor ingreso económico o disponer de más tiempo para uno mismo. En el caso de la pareja, hay que decir que suele ser básicamente por dos motivos diferentes pero igual de perjudiciales, no saber estar solos o tener baja autoestima.

La persona cree que no encontrará a nadie mejor que su pareja actual. No ha sido elitista, se han conocido, tienen algunas cosas en común y deciden emprender una relación sentimental, eso sí, basada en la sumisión y el miedo a la separación. Justo lo contrario al concepto denominado amor, este se traduce en confianza plena hacia la otra persona y sobre todo, a no depender emocionalmente de ella.

Si caemos en la dependencia ya no es amor, sino, necesidad, justo lo que sucede con el miedo a la soledad. La pareja sana, no es la que lo comparte todo y tiene el 90% de cosas en común, sino, la que se respeta mutuamente, cada miembro puede tener sus propios hobbies y aun así, desear pasar tiempo juntos. La persona decide invertir menos tiempo en ella misma para dedicárselo a la otra, a la relación de ambos.

No pierde el tiempo en buscar sus defectos y menos aun en potenciarlos, la acepta tal cual es y además, la apoya en su forma de ser. Se supone que cuando conocemos a alguien nos gusta su forma de ser y de tratarnos, nos sentimos a gusto con ella. Por desgracia, cuando la relación se basa en el hecho de no querer estar solos, no hay espacio para la empatía, el miedo es tan grande que lo ocupa todo.

Dicho esto, retomo la pregunta anterior, – ¿Estás en pareja por amor o por necesidad, eres incapaz de disfrutar de tu soledad o más bien le temes? –

Si tu respuesta es el miedo a la soledad, sólo deseo que seas capaz de lidiar con ello y que no te cause ningún malestar psicológico y la mejor manera de vivir así es siendo sumiso a cualquier petición que te haga tu pareja. Seguramente temas discutir y dar tu opinión personal, pero si quieres cambiar y abandonar ese tipo de relaciones para empezar una que realmente te aporte lo que buscas, tienes que empezar por trabajar el sentimiento de desamparo creado por la soledad. Es más fácil de lo que parece, se trata de darte valor y de ser un añadido a las situaciones, lugares y personas. Para que me entiendas, los demás tienen que querer estar contigo por lo que aportas, no por lástima o por interés económico.

Así que haz una lista de lo que consideras que son tus defectos y tus virtudes y ponte a trabajar en ellos. Estas segundas tienen que ser tu carta de presentación, lo que quieres que tus futuras parejas vean de ti. Simultáneamente, tienes que camuflar los defectos dando a relucir las virtudes, digamos que tienes sobrepeso pero te gusta mucho comer y además, odias el ejercicio físico, pues una forma de compensarlo es potenciando la inteligencia o cualquier otra virtud que tú creas que te da un valor añadido, unos ojos bonitos, una mirada profunda, una hermosa sonrisa, un pelo precioso, etc.

Un ejemplo sería cambiar tu forma de vestir o resaltando tu belleza facial, aunque suene descabellado, es justo lo que se hace con los maniquíes en las tiendas de ropa, les cambian tanto la vestimenta como el peinado y quedan totalmente transformados y adaptados a cualquier cultura y/o momento histórico. Por otro lado, una forma de afrontar la soledad y posteriormente convivir con ella de forma amena es no quererlo hacer todo a la vez. No tienes nada que demostrar y por encima, no tienes que justificarte ante nadie. Con lo cual, si te apetece no hacer nada, cede y no hagas nada; si te apetece ver la televisión, pues la ves y listo.

Se trata de convivir contigo mismo, de seguir tus instintos, no tienes pareja como para estar pensando qué harías si ella estuviera contigo. Igualmente, también puedes pensar qué harías si la tuvieras y hacer exactamente las mismas cosas tú solo/a y te darás cuenta que no es tan importante tener pareja porque muchas veces idealizamos las situaciones vividas.

En resumidas cuentas, está muy bien tener una pareja sentimental pero siempre y cuando sea por placer, no por necesidad. Somos seres individuales y como tal tenemos la capacidad de movernos libre e independientemente. En conclusión, lo importante es entender que no dependemos de nadie para ser felices y para eso hay que saber diferenciar entre querer, desear y necesitar.

Conocer sus diferencias es crucial para no frustrarse si no se consigue el objetivo final, porque nuestra mente les asignará unas emociones e intensidades diferentes según su significado. Para dejarlo más claro voy a exponer los tres ejemplos más típicos: el vehículo, la vivienda en propiedad y la pareja sentimental. Seguramente sigues este orden, necesitas el vehículo para desplazarte, deseas una vivienda en propiedad y quieres una pareja sentimental.

No obstante, dependiendo del ambiente y cultura que nos rodee, el orden puede variar. Igualmente, si hacemos caso a la biología, esta nos dice que sólo necesitamos alimentarnos y descansar para no morir. Todo lo demás son preferencias pero en términos utilitarios es algo diferente. Definiré la necesidad como ese objetivo a conseguir para que nos facilite la vida.

Por su parte, el deseo viene a ser las ganas inmediatas de conseguir ese objetivo y por otro lado, el concepto querer es el más complejo porque implica movimiento. Esto se traduce en esfuerzo, tanto físico, como mental. Queremos ese objetivo porque nos aporta bienestar y vamos a hacer todo lo posible por conseguirlo. Por eso, según interpretemos cada concepto expresaremos una emoción u otra. La no satisfacción del acto nos generará tristeza, depresión o simplemente indiferencia. Cada uno genera una emoción y sentimientos diferentes.

- **Desear:** está compuesto por la ilusión, con lo cual, si no se consigue no genera frustración. Deseo ser rico, esa casa o esa persona pero ahí se queda. No me genera ninguna angustia no obtenerlo porque es eso mismo, un deseo y somos conscientes que quizás no lo consigamos. No implica un esfuerzo, ¡sólo pensamiento!

- **Querer:** como ya he dicho antes está compuesto por el movimiento, además de la ilusión por conseguirlo. De ahí que genere frustración cuando no se consigue. Se ha invertido tiempo, esfuerzo y dedicación. "Quiero estar con esa persona, quiero ese vehículo, esa vivienda y si no lo consigo me enfado". Tiene sentido porque nos está condicionando el modo de vida o de movimiento.

El deseo implica carencia, sin embargo, el quiero implica presencia, la diferencia radica en la motivación para conseguirlo. Cuando lo queremos es porque lo estamos viendo y sabemos que haciendo un esfuerzo podemos conseguirlo. La principal diferencia que les separa es el sentimiento que nos puede generar.

Si quiero algo y no lo consigo, me frustro, sin embargo, cuando deseo algo y no lo consigo, me sabe mal, pero ya está, no hay males mayores. Esta diferencia radica en que cuando queremos algo y no lo conseguimos pensamos que la culpa es nuestra porque no nos hemos esforzado lo suficiente.

El sentimiento de culpa es el peor que se puede padecer, nos destruye poco a poco y nos anula como personas. Esto sucede porque la mayoría de las veces no tenemos en cuenta que no todo depende de nosotros. Así mismo, otra diferencia entre ambos es que en cuanto satisfacemos el deseo, perdemos el interés porque es una satisfacción momentánea, no se mantiene en el tiempo.

No obstante, cuando queremos algo o a alguien, el sentimiento se mantiene a largo plazo porque somos conscientes del esfuerzo que hemos dedicado para conseguirlo. A su vez, la necesidad está compuesta por la dependencia, no hay más remedio que tenerlo y su pérdida o no adquisición produce un estado de impotencia y eso genera mucha rabia.: – "Necesito sacar un 7 en el examen de mañana o suspendo el curso, necesito ese vehículo para ir a trabajar, necesito el aumento salarial para poder llegar a fin de mes" –

Viendo la explicación comprenderás que no es lo mismo desear, querer o necesitar algo o a alguien. Con lo cual, antes de frustrarte por no conseguir tus objetivos piensa y analiza bien qué buscas y a partir de aquí sabrás qué emoción expresar. La sensación es la misma para los tres conceptos pero la expresión emocional puede y debe ser muy distinta.

No es lo mismo comer por necesidad que hacerlo por placer. Cuando es por la primera opción, te comerás lo que te pongan o lo que te encuentres en el suelo, sin embargo, cuando es por la segunda, serás capaz de pagar una fortuna por un simple trozo de carne o de pescado.

También, cuando necesitas un vehículo para desplazarte comprarás uno que se adapte a tus necesidades, sin embargo, cuando es un deseo o simplemente lo quieres, no escatimarás en añadirle extras. Serás capaz de gastar más en piezas extras que en el propio valor del vehículo. Pero en el amor es todavía peor, cuando necesitas a alguien para ser feliz sólo te espera el malestar porque dependerás de él.

Te dejarás humillar con tal de conseguir su aprobación y tu vocabulario será: – "Te necesito, sin ti no puedo respirar, alimentarme o tener dónde resguardarme del mal tiempo" –

Le estarás dando un significado erróneo ya que su falta de presencia no influye en tus necesidades básicas pero lamentablemente, tu interpretación desencadena emociones como el miedo, la ira, la tristeza, etc. No necesitamos a nadie para este fin pero, muchas veces la persona se abandona a su suerte y acaba siendo dependiente de otros. Ahora fíjate en tu entorno más cercano y verás cuanta gente está llena de deudas por no saber distinguir entre estos tres conceptos:

– "Necesito este coche para ser alguien, necesito ser propietario de una vivienda para no ser inferior a mis vecinos, necesito ir vestido con la ropa más cara para ser respetado por los demás, etc. –"

En fin, como he escrito antes, según el ambiente en el que te muevas y la cultura en la que vivas, así actuarás. Más aún, otra característica del ambiente que nos rodea es la histeria colectiva que puede llegar a generar. Por eso es tan importante utilizar siempre la mente crítica antes de actuar y razonar qué está sucediendo y si nuestra conducta tiene algún sentido.

También, una gran pregunta a hacerse es si este comportamiento surge de la nada o es provocado por algún interés ajeno. No olvidemos que el miedo es un combustible muy eficaz para generar conductas y mantenerlas en el tiempo.

- Histeria colectiva: se podría definir como un ataque de ansiedad grupal. Puede desencadenarse por cualquier circunstancia que conlleve la pérdida de poder adquisitivo y/o ponga en peligro nuestra supervivencia, una guerra, un ataque terrorista, el hundimiento de la bolsa, un boom inmobiliario, una enfermedad, etc.

Sólo hacen falta dos factores para que aparezca el contagio colectivo, que la persona u organización encargada de la información sea un referente en el tema y saber manipular el contenido del mensaje. Esto llamará la atención de los medios de comunicación y ellos mismos se encargarán de difundirla pero a su manera, creando noticia donde no la hay y así ganar audiencia.

Generarán debates tanto televisivos como radiofónicos para magnificar todavía más la situación, dándole una sensación de alerta global. No hablo de mentir, sino, de la manera de informar, del tono de voz, las palabras adecuadas y los titulares utilizados. Según el modo de informar puede incitarse al miedo, al terror, al odio, etc. o por el contrario, al amor, la calma, la alegría, etc.

Una vez difundido el mensaje, el resto de la población lejos de analizar la situación y buscar el para qué de dicha información, se dejará llevar por las emociones. El razonamiento queda bloqueado y en consecuencia entra en juego la mente reactiva (acción-reacción), se deja de pensar y se actúa por supervivencia. La población se convierte en un rebaño, actúa como un grupo pero sin líder. Es un grupo formado de la nada, sin premeditación, ni objetivo en común, se va moviendo según aparecen las noticias. No razona, sólo se fija en la parte negativa de las noticias, se queda con el titular alarmante, no profundiza en el contenido porque es mucha información de golpe.

Por otra parte, cuando una información es ambigua, ilógica e irracional crea respuestas sin sentido y desorganizadas. El cerebro sólo sabe que tiene que reaccionar y envía la primera respuesta que encuentra en su bagaje conductual. Así mismo, los medios de comunicación son conocedores de este proceso y así es cómo actúan para crear polémica, bombardeando y saturando nuestro cerebro. Somos incapaces de filtrar tanta información, nuestra capacidad de juicio queda nublada. Se crea un estado de alarma inexistente, instaurándose la ansiedad y con ella el dolor de pecho, de cabeza, mareos y ardor estomacal acompañado de náuseas, desmayos e incluso convulsiones.

El miedo generado es tan fuerte que puede trastornar por completo el sistema nervioso central. A su vez, es justo en este momento de bloqueo cuando empiezan a imitarse las conductas de los demás, se busca algún referente que nos genere seguridad y la mente entiende que si los demás lo hacen es que es una conducta acertada, dando como resultado la adquisición del sentimiento grupal, nos identificamos con el resto.

Acto seguido nos desindividualizamos y perdemos la identidad para entrar en el anonimato, nos deshacemos de la responsabilidad, la delegamos en el grupo, todos somos uno. Viendo la unidad, no seremos juzgados como individuos, sino, como un conjunto de personas, lo que viene siendo la difusión de responsabilidad. Es el sentimiento de que la responsabilidad de las conductas es compartida por el resto de miembros del grupo.

Básicamente sucede cuando la población cree que las indicaciones de las autoridades no son suficientemente claras. Entonces, la parte más vulnerable entra en pánico y se comporta de forma drástica e irracionalmente, roba, destruye el inmobiliario público, agrede sexual y físicamente, etc. Pero entonces – ¿Cómo evitar caer en esta espiral? –

Aunque parezca mentira, la forma de no entrar en ella es analizando la situación antes de actuar y la mejor manera de hacerlo es respondiendo a estas dos preguntas: – ¿Está justificada mi conducta? – y – ¿Qué me aporta? –

Para poder contestar adecuadamente hay que ser capaz de gestionar las emociones porque durante la histeria se actúa por instinto, sólo sobrevive el más fuerte. Por consiguiente, es primordial reconocer las emociones que estamos sintiendo. – ¿Son el miedo o la ira? – Estas dos emociones, junto con la alegría son las que más condicionan nuestra elección de comportamiento, – ¿Hago esto o aquello? –

Proporcionan mucha energía y además, nos mantienen motivados y por lo tanto, las usamos como justificación para cualquier acto que hagamos. Si estamos alegres, compartimos, si tenemos miedo, atacamos o huimos y si sentimos ira, nos volvemos agresivos.

De ahí la importancia de analizarlas primero para posteriormente darles un significado. – ¿Qué significa tener miedo o estar enfadado y cómo se supone que debemos actuar? – ¿Agrediendo, robando, provocando destrozos, comprando compulsivamente, etc.?

Haz esta prueba la próxima vez que sientas la necesidad de actuar, primero analiza la emoción y luego siente cómo se adentra en ti e invade todo tu cuerpo, modificando tu carácter. – ¿Te encuentras mejor, calmado o por el contrario has empeorado? – Depende de la respuesta, actuarás de una forma o de otra, sólo buscarás desahogarte y deshacerte de la sensación que te produce la emoción.

Después, una vez hayas acabado razona si tu situación personal ha mejorado y si ha merecido la pena el esfuerzo invertido para satisfacer dicha conducta. Al mismo tiempo, otro factor a tener en cuenta es la gestión del tiempo, si es usado de forma productiva o no, si nos aporta bienestar o por el contrario, nos estresa porque no tenemos suficiente con las 24 horas del día, vamos todo el día de un lado para otro sin cesar.

Como he mencionado más arriba, una mala gestión del tiempo puede trastornar la mente ya que uno de los males que tenemos el ser humano es no poder estar quietos durante mucho tiempo seguido. Surge el aburrimiento y este puede hacer que frecuentemos lugares y/o personas poco convenientes para nuestro bienestar. Una vez cumplido con las obligaciones sociales quedan las voluntarias y aquí es donde empieza el malestar de mucha gente, no sabe cómo cubrir esas horas.

Dicho brevemente, según en qué país vivamos veremos normal dedicar más de 8 horas diarias al trabajo e incluso interpretaremos de forma negativa no hacerlo. Ciertamente hay que trabajar para costearse la vida pero hay culturas que lo entienden más como un modo de vida, trabajar para demostrar que somos productivos, con el único fin de ser mejores que los demás.

Por desgracia, esto se traduce en vivir constantemente en la ansiedad y el estrés, la persona vive para competir y no para disfrutar. Son sociedades que no premian ni valoran el esfuerzo por el trabajo bien hecho, sino, sólo el resultado final. Si ha sido mejor que el de los demás y así educan a sus ciudadanos, en la competitividad en vez de hacerlo en la cooperación y desgraciadamente, el resultado es una sociedad individualista, con un umbral muy bajo a la frustración y con tendencia a la depresión y a la ansiedad.

En estas sociedades predomina el malestar debido a que la frustración está presente constantemente porque se valoran más por los resultados obtenidos en el mundo laboral que en el ámbito personal. Tienen un autoconcepto basado en el concepto social y como he matizado anteriormente, no deben confundirse. El concepto es la percepción que tienen los demás de nosotros y no tiene porqué coincidir con nuestro autoconcepto.

No todos opinamos igual, ni tenemos la misma escala de valores y menos aún, la misma forma de evaluar. Como estarás viendo hay quien disfruta trabajando, aunque haga jornadas maratonianas y quien trabaja muchas horas porque entiende que es la forma de ser respetado socialmente.

La primera opción está enfocada hacia la felicidad y el bienestar y la segunda lo está hacia el éxito (social, no personal). Llegados a este punto voy a tratar el tema de la cárcel ya que tiene dos funciones similares con lo que acabo de escribir, el éxito personal y el social. Dependiendo de la visión que tengan tanto los presos como las instituciones encargadas de su gestión, saldrá un resultado u otro. El preso saldrá rehabilitado o por el contrario, saldrá igual que ha entrado o peor todavía.

- La cárcel: una vez dentro, tu vida cambia por completo, te has quedado sin libertad. Has perdido el derecho que todo ser humano reclama, la libertad de decisión, el libre albedrío. A partir de ahora tu vida está dirigida por otros, te marcan las horas de dormir, de comer y de relacionarte con los demás. Peor todavía, pasas a ser un número, tu nombre pierde significado y valor, con lo cual viendo cómo es la vida aquí dentro tú decides si quedarte estancado o evolucionar, adquirir conocimientos que más tarde te servirán para no volver a cometer los mismos errores y volver de regreso a la celda.

Ten presente que el tiempo no se detiene aquí fuera, la tecnología avanza a un ritmo escalofriante, la sociedad cambia de hábitos y costumbres cosa que seguramente tú no harás, saldrás con los mismos que entraste. De ahí la importancia de evolucionar, para no quedarte atrapado en el tiempo. A su vez, cuando salgas tendrás que trabajar en algo legal y la mejor manera de hacerlo es aprendiendo un oficio o estudiando una carrera universitaria. Eso sí, siempre dependerá del modelo de cárcel que cada país quiera para sus ciudadanos.

Por suerte, la mayoría escoge el constructivo, el que ofrece la posibilidad de mejorar como ser humano, para que una vez cumpla la sentencia pueda ser alguien de provecho para la sociedad. Luego, por desgracia están las enfocadas en el castigo puro y duro, se vive un infierno entre sus muros. Son lugares donde no se busca la reinserción social, sino, el castigo por el acto cometido. Su único objetivo es hacer sufrir al preso para que entienda que actuó mal y pague por su derecho a revivir en sociedad. No tienen en cuenta la capacidad mental de la persona, ni su forma de aprendizaje, interpretan que todos lo hacemos del mismo modo y a la misma velocidad.

Por eso mismo, me voy a centrar en el primer modelo, el que dedica todos sus recursos en conseguir que el preso vuelva ser un ciudadano más, que su paso por la prisión sea una lección de vida, no sólo una privación de libertad. Personalmente, te recomiendo aprovechar el tiempo que estés ahí dentro, escribe, lee y adquiere cultura general. Una vez estés fuera lo agradecerás, podrás ofrecer tus conocimientos a cualquier empresa del sector o incluso montar la tuya propia.

Por otro lado, haber sido preso no tiene que ser un estigma, tienes que interpretarlo como haber estado en un centro de enseñanza para adultos, un lugar donde potencias tu capacidad cognitiva y adquieres herramientas mentales. Ten en cuenta que mucha gente te juzgará por haber estado en prisión, con lo cual pensando que ha sido un aprendizaje, tu forma de interpretar sus palabras no será de vergüenza, sino, de indiferencia porque serás más sabio ya que para adquirir la actitud productiva, primero has tenido que aceptar la situación.

Tuviste que entender el motivo por el cual estabas dentro, qué buscabas con la realización de ese acto ilegal. Otro factor importante fue identificar cómo era tu ambiente, la gente que te rodeaba y de esta forma dejaste la actitud rebelde e infantil para dejar espacio a la racional y coherente. Has entrado en prisión siendo un delincuente y has salido siendo un ciudadano respetable.

Como estarás viendo, la opción del aprendizaje sólo aporta beneficios, tanto para ti como para tus seres queridos ya que ellos también sufren la condena. Están viendo cómo has perdido la libertad de movimiento, cómo estás dilapidando tu vida y el hecho de saber que le estás sacando provecho a la situación les transmite tranquilidad.

Saben que una vez salgas, no cometerás la locura de volver a entrar, algo normal en los presos que interpretan su encarcelamiento como una pérdida de tiempo. Como un paréntesis entre un delito y otro, como he dicho al principio, no cambian de hábitos ni de costumbres y por ello, repiten los mismos errores.

Han adquirido el rol de maleantes y no saben o no quieren deshacerse de él, como tienen la actitud rebelde e infantil, culpan a la sociedad en general de sus problemas (padres, hermanos, amigos, gobierno, etc.), no se responsabilizan de sus actos y menos aún los aceptan, siendo imposible el posterior aprendizaje.

Este tipo de presos es el que provoca los conflictos en prisión, es su forma de entretenerse, enfrentándose tanto a los guardias como a los otros reclusos. Se creen con el derecho de humillar a los demás y en parte es por su mala gestión del tiempo, no tienen otra forma de afrontar la jornada diaria, las horas les pesan, los días se hacen interminables y las semanas son insufribles.

Son personas que en cuanto salen de la cárcel se sienten perdidas, han perdido su imperio, se han acostumbrado a unos horarios para todo y el hecho de tener que decidir entre varias opciones les causa malestar, tienen miedo a la libertad y cometen cualquier acto ilegal para volver al reclusorio. El lugar donde se sienten protegidos, queridos y con una vida guiada, no tienen que pensar en nada más que no sea comer y dormir. Lamentablemente o por fortuna, como lo quieras entender, el ser humano somos un animal de hábitos y costumbres, nos gusta tener una rutina semanal, nos mantiene alejados de la ansiedad.

El hecho de tener certeza de cómo será nuestro futuro a corto plazo nos aporta tranquilidad y esto traducido en la cárcel, se convierte en la elección de ser productivo o ser un parásito. Siendo productivo deseas potenciar tus aptitudes y sacarles el máximo provecho, sin embargo, siendo un parásito, sólo deseas que te mantengan, ya sea tu familia, amistades o el propio estado. De ahí que te sientas a gusto actuando fuera de la ley, has aprendido a vivir de la sociedad, no en ella. Te estás aprovechando de los recursos e ingresos económicos que aportamos los demás, interpretas que trabajamos para ti.

Con esta segunda opción estás manipulando los recursos del estado para ser mantenido y no tener que trabajar pero a un precio muy elevado, perdiendo la libertad de decisión y de movimiento. No eres consciente que hay lugares donde no tienen ese derecho, están gobernados por unas ideologías políticas y/o religiosas totalitarias. El simple de hecho de apoyar a un partido político diferente al de su gobierno o no seguir las ideas religiosas del país, puede enemistarles con los demás e incluso ir a prisión.

El miedo al rechazo o a perder la libertad provoca la declinación por un grupo en concreto, es una manipulación encubierta, no se dan cuenta pero se guían por el miedo y la incoherencia conductual. Es justo lo que sucede en las guerras, se crean con un fin en concreto pero se justifican diciendo que son por la libertad y la paz. Unas veces son para invadir otro territorio y otras para salir de él, para dejar de formar parte del mismo grupo social (el independentismo). Es fascinante por no decir increíble como alguien puede sentirse de un lugar y no de otro, cuando todos formamos parte del planeta tierra.

Por desgracia, es un efecto colateral de las fronteras y del sentimiento grupal porque si fuéramos ciegos y sordos, no le daríamos tanta importancia ya que no diferenciaríamos entre los idiomas, ni los paisajes. Es exactamente lo que mencioné al principio sobre usar los sentidos en nuestra contra, en vez de sacarles provecho. No aceptamos las diferencias o peor todavía, las menospreciamos e imponemos nuestra forma de interpretar la realidad, religión, cultura y política, es decir, el poder. ¡Quiero que hagas lo que deseo!

Ese es el objetivo final de la manipulación, imponer nuestro criterio sobre la realidad y en el caso de las guerras, se empieza por un adoctrinamiento desde la más temprana edad. Este sentimiento grupal empieza de pequeños y se potencia en la adolescencia para acabar de materializarse en la edad adulta (20 - 25 años). Se consigue que la persona sienta orgullo de pertenecer a un cierto país y para dejarlo por escrito, se le concede un pasaporte con el cual puede identificarse frente a los demás.

Pero no contentos con esto, se crean banderas e himnos para representar y diferenciar a cada país. Es tal el condicionamiento que la mayoría de veces con tan solo oír el sonido o el conjunto de letras que forman el himno, el organismo del oyente se altera, empieza a derramar lágrimas y a generar sentimientos de euforia y de alegría. La persona ha asociado el sonido con la bandera y esta unión le produce el sentimiento de pertenencia grupal.

Así mismo, este sentimiento es bien conocido por el ejército y es su mejor arma para reclutar a los futuros soldados, les hacen creer que matar a otro ser humano en nombre de su país está bien. Que están colaborando con la seguridad nacional, están evitando que su país pase penurias. La manipulación tiene tal éxito que se consigue el apoyo al conflicto bélico.

En algunas ocasiones se acudirá a la guerra como defensa de la invasión enemiga y en otras se hará para liberar del mal al país invadido, se busca su libertad y que sus ciudadanos vivan en paz y armonía. Luego, el sentimiento asociado es tan placentero que el soldado está orgulloso de sus actos ya que los interpreta como algo bondadoso.

Está siendo coherente con sus pensamientos que por cierto, se alimentan con la valentía pero no tiene en cuenta las consecuencias de sus actos a nivel social. Se podrían englobar en tres factores diferentes: como un desastre físico, emocional y ambiental. Esto es así porque el panorama reflejado una vez acabada la guerra es desolador, es un sentimiento de impotencia y aparecen la tristeza, la rabia, el odio y el rencor hacia la gente del país que ha atacado.

Las consecuencias que se muestran son que mucha gente queda mutilada, han perdido alguna parte de su cuerpo y mentalmente, una gran parte de la población queda trastornada por la ansiedad, debido al estrés vivido de forma ininterrumpida durante tanto de tiempo. Aunque ya no estén en guerra, tanto la ansiedad como el miedo quedan grabados en sus mentes debido a las barbaridades que han visto o sufrido, violaciones, agresiones, asesinatos en masa, etc. Han vivido momentos de mucha tensión, de incertidumbre y no ven claro el futuro inmediato, qué pasará mañana, ¿serán ellos los próximos violados, golpeados o masacrados?

Es una situación fuera de la normalidad y el sistema de reacción de defensa se desborda. Conviene subrayar que frente al estrés actuamos de tres formas diferentes: – atacamos – huimos – o nos paralizamos. Pero en una situación de guerra la percepción del miedo es tan grande que nos sobrepasa y no importa la forma de actuar para evadirnos, la mente se trastorna igualmente.

Hablando vulgarmente, se nos ha fundido un fusible del cerebro, nos quedamos en estado catatónico y es cuando adquirimos el síndrome de la vida vacía. No le encontramos sentido, hemos perdido la vivienda, familiares, amigos y nos encontramos fuera de la estructura social, ya no somos ni clase pobre, ni media, ni rica, somos unos desamparados, sin nada, ni dinero, ni comida, ni donde ir a refugiarnos.

Esta última reflexión es la consecuencia ambiental, la desaparición de los servicios básicos y que por cierto, son el pilar de cualquier sociedad y que gracias a ellos nos diferenciamos del resto de los animales. Se han destruido los hospitales, los edificios públicos y nuestro propio hogar, nos quedamos sin estructura social, ni familiar. Nos encontramos en la calle pasando frío, calor y hambre.

Además de todo esto, aparece el odio y el racismo hacia las personas del otro país, podrán pasar más de 20 años que el sentimiento de rencor todavía perdurará. Ahora, dicho esto, también hay que añadir que antes de empezar una guerra, ambos países conocen estas consecuencias sociales y saben que el país atacado quedará arruinado económicamente en cuanto se acabe el conflicto bélico.

Tendrá que endeudarse para rehacerse y volver a la normalidad, construir inmuebles, asfaltar carreteras y dar ayudas sociales (el bienestar social). Precisamente, por estas razones es que una guerra se gana primero en los despachos y después en el campo de batalla. Es la llamada guerra psicológica, primero se intenta debilitar mentalmente al rival. Se le intimida con el armamento bélico y con las consecuencias tanto económicas como sociales que comportan, el hambre, la desesperación y la ruina del país.

Entonces, el atacado actúa de manera similar, pero utilizando los medios de comunicación y las redes sociales. Se manipulan datos e imágenes con la intención de hacer mala propaganda a nivel mundial de los ciudadanos del país atacador, que se sientan perseguidos y perjudicados económicamente, que vean cómo sus negocios pierden competitividad y sus ganancias se reducen.

Entonces, ellos mismos se rebelarán contra su propio gobierno y pedirán que no entre en guerra. Pero simultáneamente, se hace una buena propaganda del país atacado, para que el resto del planeta sienta empatía hacia él y se una para encontrar una solución amistosa y no tener que ir a la guerra. En muchas ocasiones funciona y se consigue instaurar la paz entre ambos países, pero cuando no es así, es un horror y de hecho, aunque los ciudadanos del país atacado lo pasan peor, no es similar en los soldados.

Ellos quedan trastornados por igual, tanto los atacantes como los defensores sufren el trastorno de estrés postraumático (TEPT), es un conjunto de síntomas: – insomnio, ansiedad, depresión, recuerdos perturbadores, etc. – Paralelamente, aparecen el síndrome del superviviente y el sentimiento de culpabilidad.

El primero es causado porque el soldado cree que no merece estar vivo, que tendrían que ser sus compañeros muertos los que tendrían que estar con vida. Por su parte, el segundo es cuando el soldado cree que podría haber hecho algo más por salvar la vida de sus compañeros. Es un pensamiento circular, se retroalimenta él mismo y el soldado acaba agotado mentalmente. Aunque hayan transcurrido bastantes años y esté ejerciendo una labor diferente, su estado mental no se recupera del todo, aun estando convencido de haber actuado coherentemente.

En relación a las emociones percibidas por ambos soldados, aunque compartan el miedo a morir, las otras son diferentes. En el caso del atacante como cree que lo está haciendo para salvar a la humanidad de un tirano o por el bien del país, las emociones percibidas son de euforia y alegría y el sentimiento es de satisfacción por el trabajo bien hecho. Sin embargo, el defensor percibe las emociones de rabia e ira porque están invadiendo su casa y el sentimiento es de orgullo, porque está luchando contra la injusticia.

Por otro lado, quiero recalcar que son sentimientos extremadamente motivadores para actuar aunque tengamos miedo pero siempre y cuando estemos convencidos de que nuestro comportamiento es coherente con lo que pensamos. Ahora y para ir acabando con la escritura del libro, te voy a explicar cómo se crea un rumor y para qué, cuál es su finalidad.

Es una forma abismal de manipulación, se consiguen muchos objetivos con él, desde destruir una gran organización, hasta conseguir que alguien desconocido alcance la fama.

Psicología del rumor: la historia relatada tiene que ser sobre un hecho importante, no importa si es verdadero o inventado porque siempre dependerá de su finalidad. Paralelamente, la información tiene que ser ambigua, que cualquiera la pueda interpretar a su manera y sobretodo, tiene que ser viable, de fácil transmisión.

Estos tres conceptos: la importancia, la ambigüedad y la viabilidad son la base de cualquier chisme exitoso. La información cuanto más margen permita para que cada quien pueda añadir de su propia cosecha, mejor, más se distorsionará el chisme y mayor validez ganará. A su vez, la importancia se refiere a que tiene que ser algo actual, un suceso que sea de interés para la comunidad donde se transmita. Ahora, referente a la viabilidad, cuanto más sencillo sea transmitir el mensaje más interlocutores participarán en su difusión y antes llegará a los oídos del interesado. Así mismo, en relación al motivo del chisme suelen ser dos diferentes, uno es profesional y el otro es interpersonal.

El primero es para destruir a alguien o a alguna organización, se quiere sacar del mercado al rival, no hay emociones, ni sentimientos de por medio, es un motivo totalmente basado en la economía. Por ejemplo: algún personaje público, político, del mundo del cine, de la prensa rosa, etc. Por su parte, el segundo se basa en la maldad humana, el rencor, la envidia, la mala leche, el odio, etc. Se trata de humillar a un compañero de trabajo, un vecino, un familiar, una expareja, etc. El beneficio es simplemente satisfacer el propio ego porque no hay más, no se asciende en la escala social, ni se generan mayores ingresos económicos.

Viendo estas diferencias se puede deducir que el perfil de la persona que los genera también es diferente. Aunque no sucede igual con los interlocutores, estos en muchas ocasiones son los mismos para ambos chismes, forman parte de la masa social. Su función es repetir la frase, distorsionarla un porcentaje y añadir algún comentario pero aun así, el mensaje sigue siendo el mismo porque tiene un núcleo sólido, corto y conciso.

Pongamos por ejemplo que una empresa quiere que sus acciones se disparen en la bolsa de valores, seguramente contratará a expertos del marketing para difundir rumores sobre una posible fusión con alguna empresa líder del sector. De igual modo actuará si quiere hundir a la competencia, difundirá información falsa y/o exagerará la negativa.

Ahora veamos en el ámbito laboral, digamos que un compañero comete un error, pues se aprovechará esa situación para humillarlo y hacer que pierda credibilidad frente a la dirección, se exagerará el error y además, se le dará bastante más importancia de la que se merece realmente. Aunque del mismo modo, también se puede inventar uno, se busca el punto débil de la persona y se la machaca bombardeando información en contra. Lamentablemente, el perfil de la persona que actúa de este modo es de alguien ruin, sin escrúpulos, cobarde y miserable.

Su vida podría resumirse en un estilo basado simplemente en pasar los días, todos son iguales y lamentablemente, lastimar al prójimo se convierte en un ocio, en su forma de distracción. Igualmente, se puede deducir que es cobarde porque jamás va por delante y además, es incompetente porque al final siempre se le descubre.

Sus ganas de reconocimiento son tan grandes que acaba por delatarse él mismo. Ahora bien, el del profesional es totalmente diferente, es de alguien preparado académicamente y suele serlo en periodismo o en el ámbito de la comunicación, junto con el de la psicología. Conoce a la perfección la conducta no verbal, la importancia de las palabras y sobre todo, la manera de decirlas.

Tiene la capacidad de anticiparse a los comportamientos sociales, los conoce muy bien y gracias a ello puede guiar a la masa social por donde quiera. Sabe que difundiendo ciertos mensajes la sociedad entrará en pánico escénico y se moverá por el instinto de supervivencia, dejando totalmente a un lado la parte racional. Digamos que quiere aumentar el precio del combustible, pues le basta con difundir que pronto será un bien escaso para que la población se altere y aumente sus reservas dando como resultado el aumento del mismo, igual que con cualquier alimento. Avecina su escasez y la población se lanza a por su compra.

Por consiguiente, viendo lo fácil que es manipular con la información, es de suma importancia analizarla antes de actuar y juzgar la situación, la persona o la organización. No sabemos el motivo de dicha información, si ha sido compartida para nuestro bien o para el que la difunde.

www.ingramcontent.com/pod-product-compliance
Lightning Source LLC
Chambersburg PA
CBHW050548280326
41933CB00011B/1764